Valesa Schell

mit Butter Boards

BROT SUCHT AUFSTRICH

60 REZEPTE FÜR HERZHAFTE UND SÜSSE BROTAUFSTRICHE

ulmer

INHALT

VORWORT

DEUTSCHLAND IST BEKANNT für seine vielen Brotsorten. Frisch gebackenes Brot ist unter Brotliebhabern schon eine Delikatesse. Doch erst der Belag lässt Brot zu einer kompletten Mahlzeit werden, und da möchte doch jeder gerne viel Abwechslung haben.

Ich backe seit mehr als neun Jahren mein gesamtes Brot selbst und bin im Laufe der letzten Jahre davon abgekommen, täglich Wurst auf meinem Brot zu essen.

Eine gesündere und sehr abwechslungsreiche Variante zu Wurst und Käse sind selbst zubereitete Brotaufstriche. Sie können die Zutaten selbst wählen und entscheiden so, was in Ihren Aufstrichen drin ist – im Gegensatz zu den gekauften, dic oft Zusatzstoffe und andere unnötige Zutaten enthalten. So können Sie vegetarische Aufstriche nach Ihrem Geschmack zubereiten oder alle vegetarischen Varianten veganisieren, indem Sie die Milchprodukte austauschen. Ein weiterer Pluspunkt, Aufstriche selbst zu machen, ist für mich die Nachhaltigkeit. Ich kann alle Aufstriche in Weckgläsern oder Schraubgläsern aufbewahren, die immer wieder benutzt werden können und vermeide somit im Laufe der Jahre viel Müll. Außerdem eignen sich viele Rezepte dazu, Reste aus dem Kühlschrank aufzubrauchen.

Probieren Sie Ihr Lieblingsbrot mit verschiedenen Aufstrichen, die fast alle schnell gemacht sind. Da die meisten Aufstriche nicht so lange haltbar sind, gebe ich Ihnen in jedem Rezept Tipps, wie sie diese weiterverwerten können. Denn Aufstriche sind nicht nur lecker aufs Brot, sie können auch viele Gerichte damit zubereiten oder abschmecken bzw. verfeinern.

Ich wünsche Ihnen viel Spaß beim Nachmachen und Ausprobieren und hoffe, dass mein Buch Sie anregen kann, selbst kreativ in der Küche zu werden.

Herzlichst
Ihre Valesa Schell

SO GELINGEN SELBST GEMACHTE BROTAUFSTRICHE

GRUNDZUTATEN FÜR BROTAUFSTRICHE

WAS ALLES REINPASST

WAS SIE ALLES VERWENDEN KÖNNEN

Brotaufstriche werden aus bestimmten Grundzutaten hergestellt. Vieles davon hat man in der Regel im Haus, was es vereinfacht, spontan einen Aufstrich herzustellen. Ich liste Ihnen im Folgenden die Grundzutaten auf, zeige Ihnen, wie Sie diese ersetzen können, wenn Sie das ein oder andere nicht im Haus haben und wie Sie einige Grundzutaten ganz einfach selbst herstellen können.

ZUTATEN FÜR AUFSTRICHE

MILCHPRODUKTE Eine der klassischen Zutaten für Aufstriche sind Milchprodukte wie Frischkäse, Mascarpone, Ricotta, Schmand, Sahne, Butter oder Joghurt. Auch saure Sahne und Quark eignen sich gut. Sie können die Milchprodukte untereinander austauschen, wenn sie die gleiche Konsistenz haben oder sie entsprechend mit Milch oder Sahne verdünnen, wenn sie fester sind. Festere Zutaten lassen sich gut gegen flüssige austauschen, wenn Sie mehr Bindemittel wie Nüsse, Mandeln oder Hülsenfrüchte dazugeben. Natürlich können Sie alle Milchprodukte durch entsprechende vegane Produkte ersetzen.

NÜSSE, MANDELN UND SAATEN Zum Binden von Aufstrichen werden oft Nüsse oder Mandeln verwendet. Sie bringen viel Geschmack mit und binden den Aufstrich, damit er nicht zu flüssig wird. Hier eignen sich vor allem Haselnüsse, Cashewkerne, Walnüsse und Mandeln sehr gut. Auch Pinienkerne, Pistazien, Erdnüsse, Macadamia, Paranusskerne und Pekannusskerne schmecken lecker in Aufstrichen. Alle Nüsse und Mandeln können untereinander getauscht werden. Bedenken Sie aber, dass manche Nüsse weniger Geschmack haben. Vor allem Cashewkerne sind in den Aufstrichen relativ geschmacklos. Probieren Sie auch mal gesalzene und/oder geröstete Nüsse aus und reduzieren Sie die Salzmenge. Auch Saaten wie Sonnenblumenkerne, Kürbiskerne oder Sesam eignen sich sehr gut zum Binden von Brotaufstrichen.

HÜLSENFRÜCHTE Kichererbsen, Kidneybohnen, Linsen, weiße Bohnen und Erbsen eignen sich geschmacklich wunderbar für Aufstriche. Außerdem geben sie der Creme eine gute Bindung.

GEWÜRZE UND KRÄUTERSALZE Gewürze spielen natürlich beim Abschmecken von Brotaufstrichen eine große Rolle. Sie benötigen aber gar nicht so viele davon. Diese Gewürze sollten Sie im Haus haben:

- Curry
- Paprika
- Pfeffer
- Zimt
- Thymian
- Oregano
- Garam Masala
- Kreuzkümmel
- Ingwer
- Paprika, geräuchert
- Tandoori Masala

Geräuchertes Paprikapulver können Sie auch problemlos durch normales ersetzen. Die Rezepte in diesem Buch sind alle mit selbstgemachtem Kräutersalz gewürzt. Die Rezepte dafür stelle ich Ihnen am Ende dieses Kapitels vor (Seite 14). Sie können sie aber auch durch anderes Kräutersalz ersetzen.

FRISCHE KRÄUTER Besonders gut eignen sich für Aufstriche glatte und krause Petersilie, Dill, Basilikum und Koriander. Schnittlauch verwende ich nicht so gerne, da er durch das Hacken schnell bitter wird. Wer Schnittlauch gerne mag, streut ihn besser auf den fertigen Aufstrich oder aufs Brot. Koriander verwende ich ebenfalls bei den Rezepten in diesem Buch nicht, weil viele Menschen ihn einfach nicht mögen. Ich persönlich finde ihn ehrlich gesagt auch nur lecker, wenn er mitgegart wird.

GEMÜSE, ZWIEBELN UND KNOBLAUCH Viele Aufstriche enthalten Zwiebeln oder Schalotten. Diese werden oft vorher angebraten oder sogar karamellisiert. Rohe Zwiebeln hebe ich in der Regel am Schluss unter und hacke sie daher immer sehr fein. Knoblauch können Sie frisch dazugeben oder Sie verwenden Knoblauchpaste. Das Rezept finden Sie am Ende des Kapitels (Seite 15).

Viele Gemüsesorten wie Karotten, Radieschen, Kartoffeln, Süßkartoffeln, Pilze, Paprika, Auberginen, Rote Bete oder Zucchini eignen sich sehr gut für Aufstriche.

Sie kommen entweder fein gerieben und roh unter die Grundmasse oder sie werden kurz angebraten oder im Backofen gegart. Grundsätzlich passen wässrige Gemüsesorten wie Tomaten oder Salatgurke nicht so gut in Aufstriche, da sie diese oft verwässern.

TROCKENOBST Getrocknete Obstsorten wie Datteln, Feigen, Cranberrys, Zwetschgen, Aprikosen oder Mango eignen sich sehr gut für süße Aufstriche. Aber auch süßlich-würzige Aufstriche lassen sich damit gut herstellen.

FRISCHE FRÜCHTE Natürlich lässt sich so gut wie jede Obstsorte zu einem leckeren Brotaufstrich in Form von Marmelade, Mus oder Gelee verarbeiten. Aber auch würzige Aufstriche können mit verschiedenen Früchten hergestellt werden. Frische Früchte kommen in fast allen Chutneys vor.

KÄSE Für Käseaufstriche wie Obatzda wird Camembert verwendet. Sie können hier nach eigenem Geschmack entweder milden oder würzigen nehmen. Außerdem enthalten viele Aufstriche geriebenen Käse für ein gutes Aroma. Die Sorten können Sie nach Belieben austauschen.

SÜSSUNGSMITTEL Für meinen Geschmack muss an die meisten Aufstriche ganz wenig Süße, um sie abzurunden. Ich verwende dafür meistens Agavendicksaft, den Sie durch Zucker, Honig, Ahornsirup, Kokosblütenzucker oder sonstige Zuckersorten austauschen können.

ÖL UND ESSIG Manche Aufstriche werden mit Öl aromatisiert oder cremiger gemacht. Möchten Sie eine andere Ölsorte verwenden – nur zu! Auch mit Essig lassen sich Aufstriche gut abschmecken. Hier eignet sich vor allem dunkler Balsamicoessig sehr gut. Andere Essigsorten kommen in allen Chutneys vor. Diese lassen sich ebenfalls beliebig austauschen. Lediglich Balsamicoessig sollten Sie wie im Rezept angegeben verwenden.

FISCH Geräucherte Fischsorten und Fisch aus der Dose wie Thunfisch oder Makrele eignen sich besonders gut.

SONSTIGE ZUTATEN, DIE IN DIESEM BUCH VORKOMMEN Getrocknete Tomaten, Tomatenmark, Ajvar, Paprikapaste, Zitronensaft, Mayonnaise, Zitronenschale, Orangensaft, Sojasoße, Sahnemeerrettich, Maronen, Schokolade, Kakao, Kokosöl, Vanilleschoten, Senfkörner, Senf, Rotwein, Preiselbeeren, Essiggurken, Marzipan

FRISCHKÄSE UND CO. SELBST HERSTELLEN

Sie können viele Milchprodukte, die in den Rezepten vorkommen, schnell und einfach selbst herstellen.

FRISCHKÄSE

Ergibt ca. 500 g

2 Liter frische nicht homogenisierte Milch, 3,8 %
1 TL Salz
30 g Zitronensaft

ZUBEREITUNG Die Milch mit dem Salz aufkochen. Vom Herd nehmen und den Zitronensaft unterrühren. Solange rühren, bis sich die festen Anteile von der Molke trennen. Ein Sieb mit einem Passiertuch auslegen, in eine Schüssel stellen und die Masse einfüllen. 2 Stunden abtropfen lassen. Dann nochmal fest ausdrücken und in Gläser oder Dosen füllen und kühl stellen.

Wenn Sie den Frischkäse cremiger möchten, können Sie ihn mit dem Pürierstab noch etwas aufschlagen. Die Molke verwende ich übrigens gerne zum Brotbacken. Eine weitere Alternative zum Herstellen von Frischkäse finden Sie beim Rezept für den griechischen Joghurt (Seite 12).

SCHMAND

Ergibt ca. 450 g

500 g frische Schlagsahne
2 EL Buttermilch

ZUBEREITUNG Die Sahne mit der Buttermilch verrühren und in einem geschlossenen Behälter (am besten ein großes Weckglas) 4 Tage bei Raumtemperatur stehen lassen.

Der Schmand ist fertig, wenn die Masse schön angedickt ist. Eventuell nochmal umrühren und in Gläser abfüllen. Kühl stellen.

GRIECHISCHER JOGHURT

Ergibt ca. 700 g

- 1 l frische nicht homogenisierte Milch, 3,8 %
- 200 g frische Schlagsahne
- 80 g Naturjoghurt, 3,8 %
- 1 Küchenthermometer

ZUBEREITUNG Die Milch mit der Sahne erhitzen, bis sie ganz leicht beginnt zu köcheln. Dann zur Seite stellen und auf 43 Grad abkühlen lassen. Joghurt unterrühren und 9-12 Stunden bei 40-43 Grad stehen lassen.

Ein Sieb mit einem Passiertuch auslegen, in eine Schüssel stellen und die Masse einfüllen. 2 Stunden abtropfen lassen. Dann in Gläser oder Dosen füllen und kühl stellen.

Der Joghurt-Starter wird nur einmal beim ersten Herstellen benötigt. Beim nächsten Mal können Sie 80 g Ihres eigenen Joghurts verwenden. Erst wenn die Masse nicht mehr so richtig fest wird, sollten Sie wieder einen gekauften Naturjoghurt verwenden. Der Joghurt hält im Kühlschrank ca. 2 Wochen.

Sie können aus diesem Joghurt übrigens auch Frischkäse machen, indem Sie 1 TL Salz untermischen und die Masse weitere 24 Stunden im Kühlschrank abtropfen lassen.

MASCARPONE

Ergibt ca. 200 g

- 500 g frische Schlagsahne mind. 32 % Fett
- 1 EL Zitronensaft

ZUBEREITUNG Die Sahne erhitzen, bis sie ganz leicht zu köcheln beginnt. Zitronensaft einrühren und weiterrühren, bis sich die festen Anteile von der Molke trennen. Dann erst von der Herdplatte nehmen und 30 Minuten abkühlen lassen.

Ein Sieb mit einem Passiertuch auslegen, in eine Schüssel stellen und die Masse einfüllen. Das Passiertuch zubinden und mit einem kleinen Teller beschweren. 10-12 Stunden kühl stellen und abtropfen lassen. Anschließend fest ausdrücken und in Gläser oder Dosen füllen und kühl stellen.

VEGANE MILCHERSATZPRODUKTE SELBST HERSTELLEN

Auch vegane Varianten lassen sich ganz einfach selbst herstellen. Hierfür sollten Sie einen Mixer oder Multizerkleinerer verwenden. Sie können alle veganen Milchprodukte in größerer Menge zubereiten und einfrieren. Alle Produkte müssen nach der Fertigstellung gekühlt werden.

VEGANER FRISCHKÄSE

Ergibt ca. 300 g

250 g Cashewkerne
1 EL Zitronensaft
1 EL Kokosöl
½ TL Salz

ZUBEREITUNG Die Cashewkerne mindestens 60 Minuten in heißem Wasser oder über Nacht in kaltem Wasser einweichen. In ein Sieb geben und etwas abtropfen lassen. Mit allen anderen Zutaten in den Mixer geben und mixen, bis die Masse ganz fein und homogen ist.

VEGANER SCHMAND

Ergibt ca. 300 g

150 g Cashewkerne
2 EL Zitronensaft
1 Prise Salz
120 g Wasser

ZUBEREITUNG Die Cashewkerne mindestens 60 Minuten in heißem Wasser oder über Nacht in kaltem Wasser einweichen. In ein Sieb geben und etwas abtropfen lassen. Mit allen anderen Zutaten in den Mixer geben und mixen, bis die Masse ganz fein und homogen ist.

VEGANER MASCARPONE

Ergibt ca. 500 g

80 g Cashewkerne
100 g vegane Margarine
180 g vegane Milch
90 g Kokosöl
2 EL Zitronensaft
1 TL Salz
10 g Sahnesteif oder 4 g Johannisbrotkernmehl

ZUBEREITUNG Die Cashewkerne mindestens 60 Minuten in heißem Wasser oder über Nacht in kaltem Wasser einweichen. In ein Sieb geben und etwas abtropfen lassen. Mit allen anderen Zutaten in den Mixer geben und mixen, bis die Masse ganz fein und homogen ist.

KRÄUTERSALZE UND KNOBLAUCHPASTE SELBST MACHEN

Ich mache einmal im Jahr meine Kräutersalze selbst. Dazu verwende ich frische Kräuter aus dem Garten, da die Salze so viel aromatischer werden. In fast allen Rezepten in diesem Buch habe ich die folgenden zwei Sorten verwendet. Sie können natürlich auch gekauftes oder ihr eigenes Kräutersalz verwenden. Das Salz hält 1-2 Jahre. Bewahren Sie es am besten dunkel auf.

Außerdem stelle ich Knoblauchpaste selbst her. Diese kann auch in größerer Menge auf Vorrat gemacht werden, da sie lange haltbar ist (ca. 9-12 Monate). Sie können alternativ immer frischen Knoblauch verwenden (1 TL Knoblauchpaste entspricht ca. 2 Knoblauchzehen).

Garten-Kräutersalz und Italienisches Kräutersalz

GARTEN-KRÄUTERSALZ

Ergibt ca. 500 g

- 6 g frischer Oregano
- 20 g frischer Estragon
- 10 g frischer Rosmarin
- 20 g frisches Basilikum
- 15 g frische Petersilie
- 10 g frischer Liebstöckel
- 10 g frischer Dill
- 10 g frischer Schnittlauch
- 20 g granulierter getrockneter Knoblauch
- 20 g granulierte getrocknete Zwiebeln
- 2 TL schwarze Pfefferkörner
- 400 g Salz

FÜR DIESES SALZ eignen sich im Prinzip alle Kräuter aus Ihrem Garten. Sie sollten nur auf das Gesamtgewicht achten. Am besten verwenden Sie nur die Blättchen und keine Stiele.

ZUBEREITUNG Die Kräuter von den Stielen zupfen. Alle Blättchen mit dem Salz, Knoblauch, Zwiebeln und Pfefferkörnern in den Mixer geben und möglichst fein zerkleinern. Die Mischung auf ein Backblech verteilen und 2 Stunden bei 50 Grad im Backofen trocknen. Dabei einen Kochlöffel in die Tür stecken, damit der Dampf entweichen kann.

Anschließend abkühlen lassen und nochmal feiner mahlen. Das Salz auf einem großen Teller verteilen und 1-2 Tage an der Luft trocknen lassen. In Gläser abfüllen.

ITALIENISCHES KRÄUTERSALZ

Ergibt ca. 600 g

50 g getrocknete Tomaten
25 g frischer Thymian
25 g frischer Oregano
30 g frischer Rosmarin
50 g frisches Basilikum
20 g granulierter getrockneter Knoblauch
40 g granulierte getrocknete Zwiebeln
2 TL schwarze Pfefferkörner
400 g Salz

DIESES SALZ eignet sich besonders gut für die mediterrane Küche und passt prima zu Aufstrichen, die Tomaten oder Paprika enthalten.

DIE KRÄUTER von den Stielen zupfen und mit Tomaten, Salz, Knoblauch, Zwiebeln und Pfefferkörnern in den Mixer geben und möglichst fein zerkleinern. Auf ein Backblech verteilen und 2 Stunden bei 50 Grad im Backofen trocknen. Dabei einen Kochlöffel in die Tür stecken, damit der Dampf entweichen kann.

Anschließend abkühlen lassen und nochmal feiner mahlen. Das Salz auf einem großen Teller verteilen und 1-2 Tage an der Luft trocknen lassen. In Gläser abfüllen.

KNOBLAUCHPASTE

Ergibt ca. 250 g

6 Knoblauchknollen
150 g Olivenöl
2 TL Salz
2 TL Zitronensaft

KNOBLAUCH schälen. Alle Zutaten im Mixer fein pürieren. In sterilisierte (mit kochendem Wasser ausgespülte) Gläser füllen und im Kühlschrank aufbewahren. Die Knoblauchpaste hält sich Kühlschrank ca. 9-12 Monate.

BROTAUFSTRICHE KÖNNEN SO VIEL MEHR

WAS SIE AUS RESTEN NOCH ALLES ZAUBERN KÖNNEN

Brotaufstriche sind natürlich in erster Linie als Belag für Brote und Brötchen gedacht. Je nach Zutat halten sie jedoch nur ein paar Tage oder auch mal 1-2 Wochen und man bekommt mitunter nicht alles aufgegessen. Das macht überhaupt nichts – es gibt nämlich so viele tolle Möglichkeiten, wie Sie Aufstrichreste weiterverwenden können. Ich gebe Ihnen bei jedem Rezept einen Überblick, wie Sie die Brotaufstriche in Ihrer Küche anderweitig einsetzen können.

Einige Aufstriche können Sie einwecken – das steht dann in den jeweiligen Rezepten. Fast alle Aufstriche lassen sich gut einfrieren. Chutneys und Marmeladen halten aufgrund des Essig- und Zuckergehaltes ewig.

Bei allen Rezepten finden Sie nochmal einen Überblick, wofür der jeweilige Aufstrich sich gut eignet.

DIP ZU ROHKOST/GEMÜSESTICKS Fast alle Aufstriche passen sehr gut zum Dippen von Rohkost wie Karotten, Staudensellerie, Fenchel oder Kohlrabi.

SOSSE ZU VEGANEN UND VEGETARISCHEN BRATLINGEN UND FALAFEL Da vegane und vegetarische Bratlinge oft etwas trocken sind, serviere ich immer kalte Soßen dazu. Dafür eignen sich auch sehr viele Brotaufstriche.

PASTASOSSEN Aus vielen Aufstrichresten können Sie ganz einfach Pastasoßen zubereiten. Je nach Rezept reicht es aus, einige Esslöffel davon mit etwas Nudelwasser zu vermischen und eventuell nochmal abzuschmecken. Alternativ können Sie die Reste auch in Sahne auflösen, zusätzlich Nudelwasser dazugeben und etwas geriebenen Käse untermischen.

SAHNE- UND BÉCHAMELSOSSEN Viele Brotaufstriche sind ganz toll geeignet, um Sahne- oder Béchamelsoßen einen besonderen Geschmack zu verleihen. Probieren Sie erst mal 1-2 TL unterzurühren und dann gegebenenfalls noch mehr dazuzugeben.

VERFEINERN VON TOMATEN- UND PAPRIKASOSSEN Mit einigen mediterranen Aufstrichen können Sie Tomaten- oder Paprikasoßen verfeinern.

TOPPING ODER VERFEINERN VON CREMIGEN SUPPEN Sie können entweder 1-2 TL als Topping auf cremige, pürierte Suppen geben oder die entsprechende Menge unterrühren. Eventuell können Sie je nach Aufstrich auch mehr dazugeben.

VERFEINERN VON CURRYS Manche Brotaufstriche eignen sich gut zum Verfeinern von Currys. Hier geben Sie 1-2 TL oder nach Geschmack auch mehr dazu.

SALATDRESSING Viele Brotaufstriche eignen sich super als Grundlage für Salatdressings. Oft reicht es, etwas Essig oder Zitronensaft und Öl dazuzugeben und sie eventuell noch mit etwas Milch oder Wasser zu verdünnen.

ZUM ÜBERBACKEN Sie können einige Brotaufstriche zum Überbacken von Fleisch, Fisch, Aufläufen oder Gemüse verwenden. Damit sie beim Backen nicht zu sehr verlaufen, geben Sie entweder Semmelbrösel und/oder geriebenen Käse dazu.

ALS FÜLLUNG FÜR RAVIOLI Sehr viele Brotaufstriche können als Füllung für Ravioli verwendet werden. Geben Sie einfach so viele Semmelbrösel und eventuell 1 Ei dazu, bis die Masse fest genug ist.

SOSSE ZU RACLETTE Viele Brotaufstriche, Relish und Chutneys passen wunderbar zu Raclette.

SOSSE ZU FONDUE Einige Brotaufstriche eignen sich gut als Soßen zu Fondue.

SOSSE ZU GEGRILLTEM Chutneys, Relishes und einige Aufstriche passen sehr gut zu Gegrilltem.

SOSSE ZU FISCH Einige Aufstriche sind eine tolle Ergänzung für geräucherten Fisch.

ZU PELLKARTOFFELN Pellkartoffeln sind nicht nur mit Quark lecker, sondern auch mit vielen Brotaufstrichen.

FÜR BROTFLADEN Viele Aufstrichreste passen sehr gut als Belag für Flammkuchen oder Brotfladen (Brotteig ausrollen und mit dem Aufstrich bestreichen, eventuell noch belegen und backen).

VERFEINERN VON RISOTTO ODER REIS Mit einigen Aufstrichen lässt sich Risotto oder Reis verfeinern und aromatisieren.

ZU BURGER UND HOTDOGS Relishes, Chutneys und einige Aufstriche sind toll als Soße zu Burgern oder Hotdogs.

FÜR PFANNKUCHEN UND CRÊPES Einige Aufstriche eignen sich super, um Pfannkuchen damit zu füllen. Süße Aufstriche sind super als Füllung zu Crêpes.

SÜSSE AUFSTRICHE Süße Aufstriche können sehr gut zum Füllen von Hefeteilchen, als Grundlage für Desserts und Kuchenfüllungen, zum Füllen von Pfannkuchen und Crêpes, zu Waffeln oder für Milchshakes verwendet werden.

Vielleicht fallen Ihnen ja noch andere Möglichkeiten ein. Trauen Sie sich und seien Sie kreativ!

WISSENSWERTES

WAS SIE SONST NOCH BENÖTIGEN

HILFREICHE TIPPS, DAMIT IHRE AUFSTRICHE GELINGEN

KÜCHENUTENSILIEN Ich gebe in den Rezepten unterschiedliche Methoden an, wie Sie den Aufstrich herstellen können. Es gibt z.B. verschiedene Möglichkeiten, die Zutaten zu zerkleinern. Für die meisten Aufstriche benötigen Sie zumindest ein Gerät, um Nüsse, Saaten oder Hülsenfrüchte zu zerkleinern. Die einfachste Möglichkeit ist hier ein Multizerkleinerer, mit dem Sie auch die Zutaten mixen können.

Ansonsten benötigen Sie nur ein scharfes Messer, ein Schneidebrett und eine Knoblauchpresse, falls Sie frischen Knoblauch verwenden.

PÜRIERSTAB Mit dem Pürierstab können Sie alle Zutaten wunderbar pürieren. Lediglich Nüsse oder Kerne lassen sich mit ihm nicht so gut fein zerkleinern. Das funktioniert besser im Multizerkleinerer oder Blitzhacker. Falls Sie beides nicht besitzen, können Sie Nüsse, Mandeln oder Saaten über Nacht in Wasser einweichen und gut abtropfen lassen. Dann lassen Sie sich auch mit dem Pürierstab zerkleinern. Achten Sie beim Verwenden eines Pürierstabes darauf, dass genügend feuchte Zutaten im Rührbecher sind und Sie größere feste Zutaten vorher etwas zerkleinern. Viele Pürierstäbe gibt es im Set mit einem Zerkleinerer, den Sie natürlich auch sehr gut zum Mahlen verwenden können.

Pürierstab

Pürierstabzubehör: Multizerkleinerer

MULTIZERKLEINERER ODER BLITZHACKER Damit lassen sich alle Rezepte (außer Relishes und Chutneys) in diesem Buch zubereiten. Mahlen Sie immer erst die festen Zutaten oder Kräuter fein und geben Sie dann die restlichen Zutaten hinzu.

STANDMIXER Ein Standmixer ist ebenfalls eine gute Möglichkeit zum Herstellen von Aufstrichen. Mit ihm lassen sich im Gegensatz zum Thermomix selbst kleine Mengen gut mischen. Mahlen Sie im Standmixer erst die festen Zutaten fein, bevor Sie alles vermischen.

THERMOMIX Der Thermomix gilt eigentlich als ideal zum Herstellen von Aufstrichen. Was mir persönlich aber nicht so gut gefällt, ist die große Menge, die man zubereiten muss, damit das Messer die Zutaten erreicht. Wenn Sie Rezepte

Thermomix

Multizerkleinerer

in diesem Buch mithilfe des Thermomix herstellen möchten, verdoppeln Sie am besten die angegebenen Zutaten. Ich gebe in den Rezepten nicht die genaue Vorgehensweise an. Sie können feste Zutaten immer einige Sekunden auf Stufe 8-10 mahlen, die restlichen Zutaten dazugeben und alles einige Sekunden auf Stufe 3-5 mischen bzw. zerkleinern. Natürlich können Sie auch andere Geräte (z.B. Silvercrest Monsieur Cuisine, Krups Prep&Cook, Klarstein GrandPrix etc.) in der gleichen Art benutzen. Arbeiten Sie mit dem Thermomix, orientieren Sie sich bei den Rezepten an den Zubereitungsschritten, die mit „TM" gekennzeichnet sind.

HANDRÜHRGERÄT Mit dem Rührgerät lassen sich viele der Aufstriche sehr gut mischen. Lediglich für die festen Zutaten brauchen Sie ein anderes Gerät, das diese fein mahlen oder zerkleinern kann.

WERDEN SIE SELBST KREATIV!

Jetzt kennen Sie die Grundzutaten und alle Gerätschaften, aus denen Sie Aufstriche selbst machen können. Seien Sie mutig und kreativ und trauen Sie sich ruhig, Rezepte für Aufstriche selbst zu entwickeln. Mixen Sie erst Ihre Grundzutaten und geben Sie gemahlene Nüsse oder Kerne dazu, um die Creme zu festigen. Schmecken Sie nach eigenem Geschmack ab. Probieren Sie, Milchprodukte durch vegane Produkte auszutauschen. Versuchen Sie auch ruhig einmal, die Zutaten nicht ganz so fein zu pürieren. Vielleicht mögen Sie es ja etwas stückiger lieber.

HILFREICHE TIPPS, DAMIT IHRE AUFSTRICHE LANGE HALTEN

SAUBERKEIT Damit Aufstriche möglichst lange haltbar bleiben, sollten Sie sehr auf Sauberkeit achten. Nur so können Sie verhindern, dass sich schädliche Keime oder Schimmel ausbreiten. Ihre Zutaten sollten möglichst frisch und die Utensilien, die Sie benötigen, sollten sauber sein. Spülen Sie Gläser oder Dosen, in denen Sie die Aufstriche aufbewahren, vorher mit kochendem Wasser aus.

KÜHLEN Bewahren Sie alle Aufstriche im Kühlschrank auf. Aufstriche, die Butter oder Kokosöl enthalten, werden dabei oft zu fest. Diese sollten Sie möglichst 15 Minuten vor dem Verzehr bei Raumtemperatur stehen lassen.

SAUBERER LÖFFEL ODER MESSER Entnehmen Sie immer nur mit einem sauberen Löffel oder Messer kleine Portionen Ihres Aufstriches. So verhindern Sie, dass Keime hineingelangen.

EINFRIEREN Alle Aufstriche lassen sich gut einfrieren. Wenn Sie einen Aufstrich nicht innerhalb der angegebenen Haltbarkeitszeit aufessen oder anderweitig verwenden können, stellen Sie ihn in den Tiefkühlschrank. Sie können auch gleich die doppelte oder dreifache Menge zubereiten und einen Teil einfrieren. Besonders gut zum Einfrieren geeignet sind Weckgläser, die Sie mit einem wasserfesten Stift beschriften können.

EINWECKEN Einige Aufstriche lassen sich gut einwecken und können gleich in größerer Menge hergestellt werden. Einen entsprechenden Hinweis finden Sie in den Rezepten.

ZU DEN REZEPTEN

Es gibt sechs verschiedenen Kategorien von Rezepten:

VEGETARISCHE REZEPTE Diese Rezepte enthalten alle Milchprodukte. Sie können ganz einfach vegane Rezepte daraus machen, indem Sie das Milchprodukt gegen vegane Alternativen austauschen.

VEGANE REZEPTE Hier verwende ich zur Bindung meistens Nüsse oder Hülsenfrüchte, vor allem Cashewkerne.

REZEPTE MIT FISCH Bei diesen Aufstrichen sollten Sie darauf achten, dass Sie sie innerhalb von 2-3 Tagen aufbrauchen.

Cashewkerne (links eingeweicht) sind eine Grundzutat von veganen Aufstrichen.

BUTTER- UND FRISCHKÄSE-BOARDS Butterboards sind etwas ganz Tolles. Es handelt sich dabei um Butter, die auf einen Teller oder ein Brett gestrichen und mit unterschiedlichen Zutaten belegt wird. Eine tolle Vorspeise, wenn Sie Gäste haben. Der Aufstrich wird entweder direkt mit Brot vom Board aufgenommen oder man verwendet ein Messer. Bei meinen Rezepten ist die Grundlage immer aromatisiert und ich verwende oft Frischkäse statt Butter. Sie können alle Rezepte alternativ mit Butter oder der gleichen Menge Frischkäse zubereiten oder Sie können eine eigene Mischung aus Frischkäse, Schmand, Mascarpone und/oder Quark verwenden. Bei allen Boards sollten die Zutaten für das Topping immer frisch sein. Die aromatisierte Butter oder den Frischkäse können Sie jedoch bereits am Vortag herstellen. Bei Butter müssen Sie daran denken, sie 1-2 Stunden vorher aus dem Kühlschrank zu nehmen, damit sie streichfähig ist.

CHUTNEYS UND RELISHES Chutneys sind süß-sauer-würzige Marmeladen. Die meisten von Ihnen kennen sicher Mango-Chutney. Chutneys werden aus Gemüse, Obst, Zwiebeln, Essig, Zucker und Gewürzen hergestellt. Sie schmecken pur auf Brot oder passen sehr gut zu Käse und zu vielen Gerichten. Relishes sind aus den USA bekannt. Die Zutaten dafür werden in der Regel feiner geschnitten bzw. geraspelt. Relish passt besonders gut zu Putenbrust, diversen Wurstsorten und zu Hamburgern, Sandwiches und Hotdogs.

SÜSSE AUFSTRICHE Bei den süßen Aufstrichen handelt es sich um besondere Marmeladensorten oder Gelees und um Nuss- oder Schokoladenaufstriche.

AUFBAU DER REZEPTE

Alle Rezepte sind gleich aufgebaut. Zuerst werden die Zutaten aufgelistet, dann gebe ich Ihnen verschiedene Möglichkeiten an die Hand, wie Sie die Aufstriche zubereiten können:

- Vorbereitungen (dieser Arbeitsschritt gilt für alle nachfolgenden Varianten)
- Von Hand/Handrührgerät
- Mixer/Thermomix/Multizerkleinerer
- Pürierstab
- Unterhalb der Rezepte finden Sie meine Empfehlung, welche Brotsorten zum Aufstrich besonders gut schmecken.
- Dann zeige ich Ihnen, was Sie aus Resten des jeweiligen Aufstrichs zubereiten können und wie lange der Aufstrich grundsätzlich haltbar ist.
- Bei manchen Rezepten gebe ich die Einweckzeit und -temperatur an.

VEGETARISCHE AUFSTRICHE

RUCOLA-TOMATEN-CREME

Rucola kennt man vor allem als Salatzutat. Er eignet sich aber auch sehr gut als Grundzutat für einen leckeren Aufstrich.

Zutaten für 1 Glas, 320 g

40 g getrocknete Tomaten (ohne Öl)
1 Bund Rucola
½ TL Knoblauchpaste, alternativ 1 Knoblauchzehe
100 g Frischkäse
100 g Mascarpone
15 g Tomatenmark
6 g milder Senf
6 g Agavendicksaft
2 EL Orangensaft
½ TL Italienisches Kräutersalz, alternativ Kräutersalz
Salz, Pfeffer

Haltbarkeit: 6-7 Tage

VON HAND/HANDRÜHRGERÄT Die Tomaten möglichst fein zerkleinern. Rucola fein hacken. Knoblauch schälen und durchpressen.

Frischkäse mit Mascarpone, Knoblauch, Tomatenmark, Senf, Agavendicksaft, Orangensaft und Kräutersalz cremig rühren. Tomaten und Rucola unterrühren und mit Salz und Pfeffer abschmecken.

MIXER/TM/ZERKLEINERER Tomaten, Rucola und Knoblauch fein zerkleinern. Restliche Zutaten dazugeben und vermischen. Mit Salz und Pfeffer abschmecken.

PÜRIERSTAB Tomaten etwas kleiner schneiden. Alle Zutaten in einen hohen Rührbecher geben und fein pürieren.

BROTEMPFEHLUNG Ciabatta, Baguette, Toast, helles Mischbrot, Weißbrot, Kartoffelbrot, Bauernbrot

RESTEVERWERTUNG

- Nudelsoße (erwärmen und mit etwas Nudelwasser und geriebenem Käse vermischen)
- Dip für Rohkost
- Topping für cremige Suppen oder zum Verfeinern
- Verfeinern von Sahnesoßen
- Salatdressing (Essig oder Zitronensaft dazugeben, mit Milch oder Wasser verdünnen und abschmecken)
- Soße zu Bratlingen
- Verfeinern von Tomatensoßen
- Überbacken von Fleisch oder Fisch (Semmelbrösel untermischen) oder Aufläufen (mit geriebenem Käse vermischen)
- Füllung für Ravioli (Semmelbrösel und eventuell 1 Ei untermischen)
- zu Pellkartoffeln
- Belag für Brotfladen oder Flammkuchen
- Verfeinern von Risotto
- Soße zu Burgern oder Hotdogs

MANGO-CURRY-SPREAD

Dieser süßlich-würzige Aufstrich ist ein Highlight auf jedem Büfett. Weichen Sie die Mangostücke unbedingt vorab ein paar Stunden ein, damit sie sich besser zerkleinern lassen.

Zutaten für 1 Glas, 320 g

70 g getrocknete Mango
25 g Orangensaft
5 g Zitronensaft
½ TL Knoblauchpaste, alternativ 1 Knoblauchzehe
100 g Frischkäse
100 g Schmand
2 TL Curry
1 TL Paprika edelsüß
1 TL Italienisches Kräutersalz, alternativ Kräutersalz
Salz, Pfeffer

Haltbarkeit: 7-10 Tage

VORBEREITUNGEN Die Mangostücke etwas zerkleinern und in dem Orangen- und Zitronensaft abgedeckt einige Stunden marinieren.

VON HAND/HANDRÜHRGERÄT Die Mangostücke absieben und dabei die Flüssigkeit auffangen. Mango möglichst fein hacken. Knoblauch durchpressen.

Frischkäse, aufgefangener Saft, Schmand, Curry, Paprika und Kräutersalz cremig rühren.

Mango und Knoblauch unterrühren und mit Salz und Pfeffer abschmecken.

MIXER/TM/ZERKLEINERER Die Mangostücke mit dem Saft in den Topf geben und möglichst fein zerkleinern.

Die restlichen Zutaten dazugeben und alles cremig rühren. Mit Salz und Pfeffer abschmecken.

PÜRIERSTAB Die Mangostücke mit dem Saft und den restlichen Zutaten in einen hohen Rührbecher geben und so pürieren, dass noch ganz kleine Mangostückchen zu sehen sind. Mit Salz und Pfeffer abschmecken.

BROTEMPFEHLUNG Toastbrot, Baguette, Weißbrot, helle Brötchen, Fladenbrot, Nussbrot

RESTEVERWERTUNG

- Verfeinern von Currys
- Dressing für Geflügelsalat (mit Milch verdünnen und etwas Essig und Öl dazugeben)
- Dip für Rohkost
- Soße zu Fondue
- Soße zu Gegrilltem
- Füllung für Pfannkuchen oder Crêpes
- Soße zu Burger

Tipp: Probieren Sie den Aufstrich auch mal mit anderen Trockenfrüchten wie Datteln, Feigen oder Aprikosen.

ITALIENISCHER OBATZDA

Obatzda kennt man vor allem aus Bayern. In anderen Regionen gibt es ähnliche Aufstriche wie den „Angemachten“ in Franken oder den „Liptauer“ in der Bamberger Gegend. Aber auch mit typisch italienischen Zutaten wie getrockneten Tomaten, Basilikum und Ricotta macht er was her. Verwenden Sie nach eigenem Geschmack eher milden oder würzigen Käse.

Zutaten für 1 Glas, 500 g

150 g milder Camembert, alternativ würziger
30 g getrocknete Tomaten ohne Öl
1 Schalotte, ca. 30 g
½ TL Knoblauchpaste, alternativ 1 Knoblauchzehe
30 Basilikumblättchen
100 g Frischkäse
80 g Butter, weich
60 g Ricotta, alternativ Quark
30 g Sahne
16 g Tomatenmark
1 TL Paprika edelsüß
¼-½ TL Italienisches Kräutersalz je nach Salzgehalt der Tomaten, alternativ Kräutersalz
Salz, Pfeffer

Haltbarkeit: 5-6 Tage

VON HAND/HANDRÜHRGERÄT Den Camembert mit einer Gabel fein zerdrücken. Tomaten möglichst fein zerkleinern. Schalotte fein würfeln. Knoblauch durchpressen. Basilikum in feine Streifen schneiden.

Frischkäse mit getrockneten Tomaten, Butter, Ricotta, Sahne, Tomatenmark, Paprika und Kräutersalz cremig rühren.

Schalotte, Knoblauch, Basilikum und Camembert unterrühren und mit Salz und Pfeffer abschmecken.

MIXER/TM/ZERKLEINERER Tomaten und Knoblauch in den Topf geben und fein zerkleinern. Schalotte in feine Würfel schneiden.

Alle restlichen Zutaten, außer Camembert und Schalotte, hinzufügen und auf kleiner Stufe vermischen. In eine Schüssel umfüllen.

Camembert mit einer Gabel fein zerdrücken und mit der Schalotte unterrühren. Mit Salz und Pfeffer abschmecken.

PÜRIERSTAB Alle Zutaten, außer Camembert und Schalotte, in eine hohe Rührschüssel geben und fein pürieren.

Camembert mit einer Gabel fein zerdrücken und mit einem Löffel untermischen. Schalotte fein würfeln und unterheben. Mit Salz und Pfeffer abschmecken.

BROTEMPFEHLUNG Bauernbrot, Roggenbrot, Vollkornbrot, Seelen, Laugengebäck

RESTEVERWERTUNG
- Überbacken von Gemüse
- Überbacken von Schnitzel
- Füllung für Ravioli (eventuell noch 1 Ei und Semmelbrösel untermischen)
- zu Pellkartoffeln
- Belag für Brotfladen

FETA-PISTAZIEN-AUFSTRICH

Schafskäse eignet sich wunderbar für viele Aufstriche. Zusammen mit gemahlenen Pistazien, Frischkäse, Joghurt und viel Petersilie wird er superlecker und bereichert jeden Abendbrot-Tisch.

Zutaten für 1 Glas, 370 g

50 g Pistazien
100 g Feta/Schafskäse
½ TL Knoblauchpaste, alternativ 1 Knoblauchzehe
100 g griechischer Joghurt
100 g Frischkäse
5 g Zitronensaft
½ Bund glatte Petersilie, alternativ krause Petersilie
½-1 TL Garten-Kräutersalz, je nach Salzgehalt des Fetas, alternativ Kräutersalz
5 g Agavendicksaft
Salz, Pfeffer

Haltbarkeit: 5-6 Tage

VON HAND/HANDRÜHRGERÄT Die Pistazien fein mahlen. Feta mit einer Gabel fein zerdrücken. Knoblauch schälen und durchpressen.

Mit allen anderen Zutaten, außer der Petersilie, vermischen. Petersilie fein hacken und untermischen. Mit Salz und Pfeffer abschmecken.

MIXER/TM/ZERKLEINERER Pistazien, Petersilie und Knoblauch in den Topf geben und fein zerkleinern.

Alle anderen Zutaten hinzufügen und auf mittlerer Stufe vermischen und zerkleinern. Mit Salz und Pfeffer abschmecken.

PÜRIERSTAB Pistazien fein mahlen. Mit allen anderen Zutaten fein pürieren. Mit Salz und Pfeffer abschmecken.

BROTEMPFEHLUNG Fladenbrot, Baguette, Bauernbrot, Laugengebäck, Weißbrot, Vollkornbrot, Vollkornbrötchen, Saatenbrötchen, Roggenbrot

RESTEVERWERTUNG

- Nudelsoße (erwärmen und mit etwas Nudelwasser und geriebenem Käse vermischen)
- Überbacken von kurzgebratenen Fleischgerichten
- Füllung für Ravioli (mit Semmelbrösel und eventuell 1 Ei vermischen)
- Salatdressing (etwas Öl und Essig unterrühren, eventuell mit Milch oder Wasser verdünnen und abschmecken)
- Dip für Rohkost
- Soße zu Bratlingen oder Falafel
- Verfeinern von Sahne- oder Béchamelsoßen
- Topping oder Verfeinern von cremigen Suppen
- Soße zu Gegrilltem
- zu Pellkartoffeln
- Belag für Brotfladen oder Flammkuchen

Tipp: Richten Sie den Aufstrich mit gehackten Pistazien an oder verwenden Sie statt Pistazien Walnüsse oder Haselnüsse.

SENF-HONIG-CREME

Senf und Honig sind eine tolle Kombination für einen Aufstrich. Außer Frischkäse und Mascarpone kommen für mehr Festigkeit gemahlene Cashewkerne mit hinein.

Zutaten für 1 Glas, ca. 340 g

80 g Cashewkerne
100 g Frischkäse
100 g Mascarpone
25 g milder Senf
25 g Honig
½ TL Curry
½-1 TL Garten-Kräutersalz, alternativ Kräutersalz
Salz, Pfeffer

Haltbarkeit: 6-7 Tage

VON HAND/HANDRÜHRGERÄT Die Cashews fein mahlen. Mit allen anderen Zutaten cremig rühren. Mit Salz und Pfeffer abschmecken.

MIXER/TM/ZERKLEINERER Die Cashews in den Topf geben und fein mahlen. Alle anderen Zutaten dazugeben und vermischen. Mit Salz und Pfeffer abschmecken.

PÜRIERSTAB Cashews fein mahlen. Mit allen anderen Zutaten in einen hohen Rührbecher geben und fein pürieren. Mit Salz und Pfeffer abschmecken.

BROTEMPFEHLUNG Bauernbrot, Mischbrot, zusammen mit Käse/Wurst/Schinken auf Bagels, Toast, Laugengebäck

RESTEVERWERTUNG

- Salatdressing (etwas Öl und Essig dazugeben, abschmecken und eventuell mit etwas Milch oder Wasser verdünnen)
- Verfeinern von cremigen Suppen
- Dip für Rohkost
- Soße zu Bratlingen
- Soße zu Raclette
- Soße zu Fondue
- Soße zu paniertem Fisch
- Soße zu Burger/Hotdogs

WALNUSS-DATTEL-FRISCHKÄSE

Dieser leckere leicht süßliche Frischkäse begeistert auf jedem Büfett. Er schmeckt aber auch zum Frühstück oder Abendessen sehr gut.

Zutaten für 1 Glas, ca. 360 g

100 g getrocknete Datteln
50 g Walnüsse
150 g Frischkäse
50 g griechischer Joghurt, alternativ Sahnejoghurt
5 g Zitronensaft
1 TL Garten-Kräutersalz
¼-½ TL Zimt
Salz, Pfeffer

Haltbarkeit: 7-10 Tage

VON HAND/HANDRÜHRGERÄT Datteln sehr fein hacken. Walnüsse fein mahlen. Alle Zutaten gründlich vermischen. Mit Salz, Pfeffer und Zitronensaft abschmecken.

MIXER/TM/ZERKLEINERER Walnüsse und Datteln in den Topf geben und fein zerkleinern. Alle restlichen Zutaten dazugeben und untermischen.

Mit Salz, Pfeffer und Zitronensaft abschmecken.

PÜRIERSTAB Datteln etwas zerkleinern. Walnüsse fein mahlen. Beides mit allen anderen Zutaten in einen hohen Rührbecher geben und fein pürieren.

Mit Salz, Pfeffer und Zitronensaft abschmecken.

BROTEMPFEHLUNG Baguette, Vollkornbrot, Pumpernickel, Mischbrot, helle Brötchen, Körnerbrötchen, Nussbrot

RESTEVERWERTUNG

- Dip für Rohkost
- Soße zu Bratlingen
- Soße zu Fondue
- Soße zu Gegrilltem
- Füllung für Pfannkuchen oder Crêpes

Tipp: Verwenden Sie statt Walnüssen Haselnüsse.

BÄRLAUCH-CREME

Da es Bärlauch nur eine kurze Zeit im Jahr zu kaufen gibt, stelle ich während der Saison eine Bärlauchpaste her, die bis zum nächsten Jahr haltbar ist. Diese Paste verwende ich das ganze Jahr über und bewahre sie im Kühlschrank auf. Für 1 Glas pürieren Sie 125 g Bärlauch mit 12 g Salz und 125 g Olivenöl. Statt einem Bund Bärlauch, wie im Rezept angegeben, verwenden Sie 2 volle TL der Paste und weniger Salz.

Zutaten für 1 Glas, 350 g

75 g Walnüsse
1 Bund Bärlauch, alternativ 2 volle TL Bärlauchpaste und weniger Salz
100 g Schmand
100 g Mascarpone
5 g Senf
15 g Walnussöl
½-1 TL Garten-Kräutersalz
6 g Agavendicksaft
Salz, Pfeffer

Haltbarkeit: 7-10 Tage

VON HAND/HANDRÜHRGERÄT Die Walnüsse fein mahlen. Bärlauch in feine Streifen schneiden. Alle anderen Zutaten cremig rühren. Bärlauch und Walnüsse untermischen. Mit Salz und Pfeffer abschmecken.

MIXER/TM/ZERKLEINERER Die Walnüsse in den Topf geben und fein mahlen. Bärlauch dazugeben und kurz zerkleinern. Alle weiteren Zutaten dazugeben und vermischen. Mit Salz und Pfeffer abschmecken.

PÜRIERSTAB Walnüsse fein mahlen. Mit allen anderen Zutaten in einen hohen Rührbecher geben und fein pürieren. Mit Salz und Pfeffer abschmecken.

BROTEMPFEHLUNG Helles Bauernbrot, Pumpernickel, Baguette, Laugengebäck, Mischbrot, Kartoffelbrot, für Bagels mit Schinken und Käse

RESTEVERWERTUNG

- Nudelsoße (erwärmen und mit etwas Nudelwasser und geriebenem Käse vermischen)
- Überbacken von Gemüsegerichten (mit geriebenem Käse vermischen)
- Füllung für Ravioli (mit Semmelbrösel und eventuell 1 Ei vermischen)
- Verfeinern oder als Topping für Cremesuppen
- Verfeinern von Sahne- und Béchamelsoßen
- Dip für Rohkost
- Soße zu Bratlingen
- Salatdressing (mit Essig/Zitronensaft und Öl mischen und etwas Milch oder Wasser unterrühren)
- Soße zu Fondue
- Soße zu Gegrilltem
- zu Pellkartoffeln
- Belag für Brotfladen oder Flammkuchen
- Verfeinern von Risotto
- Soße zu Burgern

ZWIEBEL-PREISELBEER-SPREAD

Karamellisierte Zwiebeln, Preiselbeeren und Petersilie geben diesem Aufstrich einen ganz besonderen Geschmack – leicht süßlich würzig und einfach lecker.

Zutaten für 1 Glas, ca. 350 g

1 große Zwiebel, ca. 100 g
80 g Butter
10 g Zucker
½ TL Knoblauchpaste, alternativ 1 Knoblauchzehe
6 Stiele glatte Petersilie, alternativ krause Petersilie
100 g Frischkäse
50 g Preiselbeeren aus dem Glas
1 TL Garten-Kräutersalz, alternativ Kräutersalz
Salz, Pfeffer

Haltbarkeit: 7-8 Tage

VORBEREITUNGEN Die Zwiebel fein würfeln. Butter in einer Pfanne zerlassen, Zucker einstreuen und schmelzen lassen. Zwiebeln dazugeben und braten, bis sie Farbe annehmen. Abkühlen lassen.

VON HAND/HANDRÜHRGERÄT Knoblauch schälen und durchpressen. Petersilie fein hacken. Mit dem Frischkäse, Preiselbeeren und Kräutersalz vermischen.

Die Zwiebeln unterheben. Mit Salz und Pfeffer abschmecken.

MIXER/TM/ZERKLEINERER Petersilie und Knoblauch in den Topf geben und fein zerkleinern. Frischkäse, Preiselbeeren und Kräutersalz dazugeben und vermischen.

Mit Salz und Pfeffer abschmecken. Umfüllen und die Zwiebeln mit einem Löffel unterheben.

PÜRIERSTAB Knoblauch, Frischkäse, Petersilie und Kräutersalz in einen hohen Rührbecher geben und pürieren. Preiselbeeren dazugeben und kurz untermischen.

Zwiebeln mit einem Löffel unterheben und mit Salz und Pfeffer abschmecken.

BROTEMPFEHLUNG Bauernbrot, Pumpernickel, Vollkornbrot, Kartoffelbrot, Vollkornbrötchen, Seelen

RESTEVERWERTUNG

- Dip für Rohkost
- Soße zu Bratlingen
- Soße zu Fondue
- Soße zu Raclette
- Soße zu Gegrilltem
- Füllung für Pfannkuchen
- Verfeinern von Risotto

Tipp: Mischen Sie fein gehackte Cornichons oder Gurken unter den Eiersalat oder verwenden Sie statt Schnittlauch Petersilie und frischen Estragon.

EIERSALAT

Eiersalat eignet sich super als Brotaufstrich, wenn er besonders fein und cremig ist. Wenn Sie den Eiersalat nicht ganz aufessen möchten, geben Sie den Schnittlauch besser direkt auf das bestrichene Brot, da der Aufstrich sonst schnell bitter wird.

Zutaten für 1 Glas, ca. 440 g

3 Eier
1 Schalotte, ca. 40 g
½ Bund Schnittlauch
80 g weiche Butter
100 g Schmand
50 g Mayonnaise
25 g Sahne
8 g Senf
1 TL Garten-Kräutersalz
Salz, Pfeffer

Haltbarkeit: 7-8 Tage

VORBEREITUNGEN Die Eier hart kochen und pellen. Die Schalotte fein würfeln. Die Eier halbieren und das Eigelb rausnehmen. Das Eiweiß mit einem Messer fein hacken. Schnittlauch fein hacken und zum fertigen Aufstrich servieren.

VON HAND/HANDRÜHRGERÄT Das Eigelb mit einer Gabel zerdrücken und mit Butter, Schmand, Mayonnaise, Sahne, Senf und Kräutersalz cremig rühren.

Schalottenwürfel und das Eiweiß untermischen. Mit Salz und Pfeffer abschmecken.

MIXER/TM/ZERKLEINERER Eigelb mit Butter, Schmand, Mayonnaise, Sahne, Senf und Kräutersalz in den Topf geben und verrühren.

Schalottenwürfel und Eiweiß mit einem Löffel unterheben. Mit Salz und Pfeffer abschmecken.

PÜRIERSTAB Eigelb mit Butter, Schmand, Mayonnaise, Sahne, Senf und Kräutersalz in einen hohen Rührbecher geben und fein pürieren.

Schalottenwürfel und Eiweiß mit einem Löffel unterrühren. Mit Salz und Pfeffer abschmecken.

BROTEMPFEHLUNG Bauernbrot, Vollkornbrot, Kartoffelbrot, Vollkornbrötchen, Weißbrot, Mischbrot, Toast, Saatenbrötchen

RESTEVERWERTUNG

- Dip für Rohkost
- Soße zu vegetarischen Bratlingen
- Soße zu Fondue
- Soße zu Raclette
- Soße zu Gegrilltem
- Salatdressing (mit etwas Essig/Zitronensaft und Öl vermischen und mit Milch oder Wasser verdünnen)
- Soße zu paniertem Fisch (mischen Sie noch fein gehackte Cornichons unter)

CHEESE-SPREAD

Aus den USA stammt der sehr leckere Cheese-Spread, den ich hier versucht habe, nachzumachen. Sie können Ihren Lieblingskäse verwenden oder einfach verschiedene Sorten mischen, je nachdem, wie herzhaft Sie Ihren Aufstrich mögen. Ich habe eine Mischung aus Emmentaler, Gouda und Parmesankäse verwendet.

Zutaten für 1 Glas, ca. 660 g

220 g Käse nach Wahl (z.B. Emmentaler, Bergkäse, Gouda, Parmesan, Cheddar etc.)
100 g Frischkäse
50 g Butter
200 g Milch
80 g Schmand
1 TL Paprika edelsüß
Salz, Pfeffer

Haltbarkeit: 7-10 Tage

VON HAND Den Käse reiben und mit Frischkäse, Butter und Milch in einer beschichteten Pfanne bei mittlerer Hitze schmelzen lassen. Dabei solange rühren, bis alles eine homogene Masse ergibt.

Schmand und Paprika unterrühren und mit Salz und Pfeffer abschmecken.

TM Den Käse in den Topf geben und fein zerkleinern. Restliche Zutaten dazugeben und bei 90 Grad/Stufe 3 rühren, bis eine homogene Masse entsteht. Mit Salz und Pfeffer abschmecken.

BROTEMPFEHLUNG Bauernbrot, Vollkornbrot, Seelen, Mischbrot, helle Brötchen, Saatenbrötchen, Pumpernickel

RESTEVERWERTUNG
- Nudelsoße (mit Nudelwasser vermischen)
- Überbacken von Schnitzel oder Steaks (Semmelbrösel untermischen)
- Überbacken von Frikadellen und Bratlingen (Semmelbrösel untermischen)
- Zubereiten und Abschmecken von Käsesoßen zu Gemüse oder für Aufläufe
- Dip für Rohkost
- Abschmecken von Sahne- und Béchamelsoßen
- Verfeinern von cremigen Suppen, auch als Topping
- Soße zu Fondue
- Soße zu Gegrilltem
- zu Pellkartoffeln
- Belag für Brotfladen oder Flammkuchen
- Füllung für Pfannkuchen
- Verfeinern von Risotto
- Soße zu Burgern und Hotdogs

WALNUSS-CRANBERRY-OBATZDA

Verwenden Sie für diesen Obatzda unbedingt Ihren Lieblings-Camembert. Je nachdem, ob Sie milde Sorten mögen oder eher würzige.

Zutaten für 1 Glas, ca. 470 g

150 g Camembert
1 Schalotte, ca. 30 g
½ TL Knoblauchpaste, alternativ 1 Knoblauchzehe
50 g Walnüsse
25 g getrocknete Cranberrys
½ Bund glatte Petersilie
50 g weiche Butter
100 g Frischkäse
60 g Sahne
6 g Senf
½ TL Garten-Kräutersalz, alternativ Kräutersalz
5 g Zitronensaft
Salz, Pfeffer

Haltbarkeit: 4-5 Tage

VON HAND/HANDRÜHRGERÄT Käse in Stücke schneiden und mit einer Gabel nicht ganz fein zerdrücken. Die Schalotte in feine Würfel schneiden. Knoblauch durchpressen.

Walnüsse fein mahlen. Cranberrys und Petersilie sehr fein hacken oder mahlen.

Butter mit Frischkäse, Sahne, Senf, Kräutersalz und Zitronensaft cremig rühren. Alle restlichen Zutaten unterrühren und mit Salz und Pfeffer abschmecken.

MIXER/TM/ZERKLEINERER Cranberrys, Walnüsse, Knoblauch und Petersilie in den Topf geben und fein zerkleinern.

Butter, Fischkäse, Sahne, Senf, Kräutersalz und Zitronensaft dazugeben und unterrühren.

Camembert in Stücke schneiden, mit einer Gabel nicht ganz fein zerdrücken und kurz auf kleiner Stufe untermischen. Schalotte fein hacken und mit einem Löffel untermischen. Mit Salz und Pfeffer abschmecken.

PÜRIERSTAB Walnüsse fein mahlen. Alle Zutaten außer Camembert und Schalotte in einen hohen Rührbecher geben und fein pürieren.

Käse in Stücke schneiden und mit einer Gabel nicht ganz fein zerdrücken.

Schalotte fein hacken. Beides mit einem Löffel unter die Creme mischen und mit Salz und Pfeffer abschmecken.

BROTEMPFEHLUNG Seelen, Vollkornbrot, Pumpernickel, Mischbrot, Laugengebäck, Bierbrot, Walnussbrot, Roggenbrot

RESTEVERWERTUNG
- Überbacken von Gemüse
- Überbacken von Schnitzel
- Füllung für Ravioli (eventuell Semmelbrösel und 1 Ei untermischen)
- zu Pellkartoffeln
- Belag für Brotfladen

KARTOFFEL-KÄSE

Dieser Aufstrich eignet sich sehr gut zur Verwertung von übrig gebliebenen Salz- oder Pellkartoffeln. Sie können statt Petersilie auch Schnittlauch verwenden. Reichen Sie diesen dann besser feingehackt dazu, da der Aufstrich sonst bitter wird, wenn Sie ihn länger als ein paar Stunden aufbewahren.

Zutaten für 1 Glas, ca. 660 g

1 große Zwiebel, ca. 100 g
8 g Olivenöl
250 g gekochte Salz- oder Pellkartoffeln
1 Ei
½ Bund krause Petersilie
½ TL Knoblauchpaste, alternativ 1 Knoblauchzehe
50 g Butter
100 g Schmand
100 g Frischkäse
40 g Sahne
1 TL Garten-Kräutersalz, alternativ Kräutersalz
15 g Senf
Salz, Pfeffer

Haltbarkeit: 5-7 Tage

VORBEREITUNGEN Die Zwiebel in feine Würfel schneiden und im Olivenöl anbraten, bis sie etwas Farbe annimmt. Kartoffeln mit einer Gabel fein zerdrücken.

Das Ei hart kochen, pellen, halbieren und das Eigelb herausnehmen. Das Eiweiß fein hacken.

VON HAND/HANDRÜHRER Petersilie fein hacken. Knoblauch durchpressen. Butter mit Schmand, Frischkäse, Sahne, Knoblauch, Kräutersalz, Eigelb und Senf cremig rühren.

Kartoffeln, Zwiebeln, Eiweiß und Petersilie dazugeben und untermischen. Mit Salz und Pfeffer abschmecken.

MIXER/TM/ZERKLEINERER Petersilie und Knoblauch in den Topf geben und fein zerkleinern. Butter mit Schmand, Frischkäse, Sahne, Kräutersalz, Eigelb und Senf dazugeben und alles vermischen.

Eiweiß, Zwiebeln und Kartoffeln mit einem Löffel untermischen und mit Salz und Pfeffer abschmecken.

PÜRIERSTAB Petersilie, Knoblauch, Butter, Schmand, Frischkäse, Sahne, Kräutersalz, Eigelb und Senf in einen hohen Rührbecher geben und mit dem Pürierstab fein pürieren.

Eiweiß, Zwiebeln und Kartoffeln mit einem Löffel unterheben und mit Salz und Pfeffer abschmecken.

BROTEMPFEHLUNG Bauernbrot, Schrotbrot, Pumpernickel, Vollkornbrot, Vollkornbrötchen, Kartoffelbrot

RESTEVERWERTUNG
- Dip für Rohkost
- Füllung für Ravioli
- Belag für Brotfladen

Tipp: Statt Mandeln können Sie auch Cashewkerne oder Haselnüsse verwenden. Noch feiner wird der Aufstrich, wenn Sie den Schmand durch Mascarpone ersetzen.

FRÜHLINGS-DIP

Dieser leckere Dip ist einer meiner persönlichen Favoriten. Er schmeckt mit Radieschen, Karotten, Frühlingszwiebeln, Kresse und frischen Kräutern richtig nach Frühling. Damit er eine etwas festere Konsistenz bekommt, mische ich gemahlene Mandeln unter.

Zutaten für 1 Glas, ca. 500 g

7-8 Radieschen
1 große Karotte, ca. 100 g
3 Frühlingszwiebeln, nur der weiße Teil
1 Handvoll frische Kräuter (Petersilie, Dill, Schnittlauch, Basilikum)
100 g Mandeln
120 g Frischkäse
100 g Schmand
5 g Agavendicksaft
5 g Senf
½-1 TL Garten-Kräutersalz, alternativ Kräutersalz
Salz, Pfeffer
½ Kästchen Kresse

Haltbarkeit: 3-4 Tage

VON HAND/HANDRÜHRGERÄT Radieschen und Karotte fein reiben. Frühlingszwiebeln längs halbieren und in sehr feine Streifen schneiden. Kräuter fein hacken. Mandeln fein mahlen.

Mandeln, Frischkäse, Schmand, Agavendicksaft, Senf und Kräutersalz vermischen.

Gemüse und Kräuter mit einem Löffel unterheben und mit Salz und Pfeffer abschmecken. Kresse darauf verteilen oder untermischen.

MIXER/TM/ZERKLEINERER Mandeln in den Topf geben und fein mahlen. Karottenstücke, Radieschen, Kräuter und Frühlingzwiebel dazugeben und nicht ganz fein zerkleinern. Umfüllen.

Frischkäse, Schmand, Agavendicksaft, Senf und Kräutersalz in den Topf geben und vermischen.

Gemüse, Kräuter und Mandeln auf kleiner Stufe untermischen. Kresse darauf verteilen oder untermischen.

PÜRIERSTAB Radieschen und Karotten fein reiben. Frühlingszwiebeln längs halbieren und in sehr feine Streifen schneiden. Mandeln fein mahlen. Kräuter fein hacken.

Mandeln, Frischkäse, Schmand, Agavendicksaft, Senf und Kräutersalz in einen hohen Rührbecher geben und mit dem Pürierstab aufmixen.

Gemüse und Kräuter mit einem Löffel unterheben und mit Salz und Pfeffer abschmecken. Kresse darauf verteilen oder untermischen.

BROTEMPFEHLUNG Bauernbrot, Vollkornbrot, Vollkornbrötchen, Mischbrot, Roggenbrot, Saatenbrötchen

RESTEVERWERTUNG

- zu Pellkartoffeln
- Salatdressing (Essig/Zitronensaft und Öl untermischen und eventuell mit Milch oder Wasser verdünnen)
- Dip für Rohkost
- Soße zu Bratlingen
- Soße zu Raclette
- Soße zu Fondue
- Füllung für Pfannkuchen

KÜRBISKERN-CREME

Verwenden Sie möglichst steirische Kürbiskerne, die sind besonders aromatisch. Und rösten Sie die Kürbiskerne unbedingt vorher an. Erst dadurch bekommt der Aufstrich das richtige Aroma.

Zutaten für 1 Glas, ca. 350 g

100 g Steirische Kürbiskerne
½ Bund Petersilie
100 g Frischkäse
100 g Mascarpone
½ -1 TL Garten-Kräutersalz, alternativ Kräutersalz
12 g Kürbiskernöl
5 g Agavendicksaft
Salz, Pfeffer

Haltbarkeit: 5-7 Tage

VORBEREITUNGEN Die Kürbiskerne in einer Pfanne trocken anrösten, bis sie etwas Farbe annehmen und duften. Abkühlen lassen.

VON HAND/HANDRÜHRGERÄT Kürbiskerne fein mahlen. Petersilie fein hacken. Alle Zutaten vermischen und mit Salz und Pfeffer abschmecken.

MIXER/TM/ZERKLEINERER Abgekühlte Kürbiskerne und Petersilie in den Topf geben. Fein mahlen. Alle restlichen Zutaten dazugeben, kurz vermischen und mit Salz und Pfeffer abschmecken.

PÜRIERSTAB Kürbiskerne fein mahlen. Alle Zutaten in eine hohen Rührbecher geben und pürieren. Mit Salz und Pfeffer abschmecken.

BROTEMPFEHLUNG Grissini, Bagels, Roggenbrot, Mischbrot, Schrotbrot, Roggenbrötchen

RESTEVERWERTUNG

- Nudelsoße (erwärmen und mit etwas Nudelwasser und geriebenem Käse vermischen)
- Topping für Suppen und Eintöpfe
- Überbacken von Fisch oder Fleisch (geriebenen Käse und Semmelbrösel untermischen)
- Dip für Rohkost
- Soße zu Bratlingen
- Füllung für Ravioli (noch Semmelbrösel und 1 Ei untermischen)
- Soße zu Raclette
- Soße zu Fondue
- zu Pellkartoffeln

Tipp: Falls Sie kein Kürbiskernöl im Haus haben, nehmen Sie einfach ein gutes Olivenöl.

FEIGEN-SENF-AUFSTRICH

Für einen Feigen-Aufstrich sollten Sie keine frischen Feigen verwenden, da diese den Aufstrich bitter machen würden. Eine sehr gute Alternative sind getrocknete Feigen. Diese leckere Creme passt auch super auf jedes Büfett.

Zutaten für 1 Glas, ca. 300 g

3 getrocknete Feigen
½ TL Knoblauchpaste, alternativ 1 Knoblauchzehe
100 g Frischkäse
50 g griechischer Joghurt
50 g Schmand
15 g milder Senf
15 g Honig
1 TL Garten-Kräutersalz, alternativ Kräutersalz
½ TL Curry
5 g Zitronensaft
½ TL Thymian
1 EL Mango-Chutney (kann auch weggelassen werden)
Salz, Pfeffer

Haltbarkeit: 7-10 Tage

VON HAND/HANDRÜHRGERÄT Feigen sehr fein zerkleinern. Knoblauch durchpressen.

Alle anderen Zutaten gründlich vermischen. Feigen und Knoblauch mit einem Löffel unterheben. Mit Salz und Pfeffer abschmecken.

MIXER/TM/ZERKLEINERER Feigen etwas kleiner schneiden und mit dem Knoblauch in den Topf geben. Fein zerkleinern.

Restliche Zutaten dazugeben und alles vermischen. Mit Salz und Pfeffer abschmecken.

PÜRIERSTAB Feigen etwas zerkleinern. Mit allen anderen Zutaten in einen hohen Rührbecher geben und fein pürieren. Mit Salz und Pfeffer abschmecken.

BROTEMPFEHLUNG Baguette, Ciabatta, Focaccia, helle Brötchen, Toast, Fladenbrot

RESTEVERWERTUNG

- Dip für Rohkost
- Soße zu Bratlingen
- Salatdressing (Essig/Zitronensaft und Öl untermischen und mit Milch, Orangensaft oder Wasser verdünnen)
- Soße zu Raclette
- Soße zu Fondue
- Soße zu paniertem Fisch
- Füllung für Pfannkuchen
- Soße zu Burger oder Hotdogs

KRÄUTER-FRISCHKÄSE-MOUSSE

Wer einmal selbst einen Kräuter-Frischkäse gemacht hat, wird nie wieder welchen kaufen. Wie so vieles Selbstgemachtes schmeckt er viel besser und ist dazu super einfach in der Zubereitung. Verwenden Sie bitte unbedingt frische Kräuter.

Zutaten für 1 Glas, 300 g

1 große Handvoll gemischte Kräuter nach eigenem Geschmack (bei mir Schnittlauch, glatte Petersilie, Dill, Kerbel und Estragon)
½ TL Knoblauchpaste, alternativ 1 Knoblauchzehe
80 g Sahne
200 g Frischkäse
½ -1 TL Garten-Kräutersalz, alternativ Kräutersalz
3 g Zitronensaft
Salz, Pfeffer

Haltbarkeit: 7-14 Tage

VON HAND/HANDRÜHRGERÄT Die Kräuter fein hacken. Knoblauch durchpressen. Die Sahne steif schlagen.

Frischkäse, Kräutersalz, Knoblauch, Kräuter und Zitronensaft untermischen und mit Salz und Pfeffer abschmecken.

MIXER/TM/ZERKLEINERER Kräuter und Knoblauch in den Topf geben und zerkleinern. Restliche Zutaten, außer Sahne, dazugeben, unterrühren und mit Salz und Pfeffer abschmecken. Sahne steifschlagen und unterheben.

PÜRIERSTAB Alle Zutaten, außer Sahne, in einen hohen Rührbecher geben und pürieren. Sahne steifschlagen und unterheben. Mit Salz und Pfeffer abschmecken.

BROTEMPFEHLUNG Bauernbrot, Pumpernickel, Schwarzbrot, Laugengebäck, helle Brötchen, Vollkornbrötchen, Vollkornbrot, Kartoffelbrot

RESTEVERWERTUNG

- Dip für Rohkost
- Verfeinern von Béchamel- und Sahnesoßen
- Überbacken von Gemüse (Semmelbrösel und geriebenen Käse untermischen)
- Verfeinern oder Topping von Suppen oder Eintöpfen
- Überbacken von kurzgebratenem Fleisch (mit Semmelbröseln vermischen)
- zu Pellkartoffeln
- Füllung von Ravioli (eventuell noch 1 Ei und Semmelbrösel untermischen)
- Belag für Brotfladen oder Flammkuchen
- Verfeinern von Risotto

PAPRIKA-CURRY-CREME

Rote Paprika ergibt auch roh einen tollen Aufstrich. Für eine bessere Bindung kommen gemahlene Sonnenblumen- und Cashewkerne dazu.

Zutaten für 1 Glas, ca. 450 g

40 g Sonnenblumenkerne
75 g Cashewkerne
1 große rote Paprikaschote, ca. 200 g
½ TL Knoblauchpaste, alternativ 1 Knoblauchzehe
50 g Frischkäse
50 g Mascarpone
20 g Orangensaft
5 g Zitronensaft
1 TL Curry
¼ TL Kurkuma
1 TL Paprika edelsüß
3 g Agavendicksaft
1 TL Italienisches Kräutersalz, alternativ Kräutersalz
Salz, Pfeffer

Haltbarkeit: 6-7 Tage

VON HAND/HANDRÜHRGERÄT Sonnenblumenkerne und Cashews fein mahlen. Paprikaschote vierteln, Kerne entfernen und in sehr feine Würfel schneiden. Knoblauch durchpressen.

Sonnenblumenkerne, Cashews, Paprikastücke und Knoblauch mit den restlichen Zutaten vermischen. Mit Salz und Pfeffer abschmecken.

MIXER/TM/ZERKLEINERER Die Sonnenblumenkerne und Cashews in den Topf geben und fein mahlen. Paprikaschote vierteln, Kerne entfernen und in grobe Stücke schneiden. Mit dem Knoblauch in den Topf geben und fein zerkleinern.

Alle restlichen Zutaten dazugeben und untermischen. Mit Salz und Pfeffer abschmecken.

PÜRIERSTAB Die Sonnenblumenkerne und Cashews fein mahlen. Paprikaschote vierteln, Kerne entfernen und grob zerkleinern. Mit allen restlichen Zutaten in einen hohen Rührbecher geben und so zerkleinern, dass noch ganz kleine Paprikastücke zu sehen sind. Mit Salz und Pfeffer abschmecken.

BROTEMPFEHLUNG Bauernbrot, Mischbrot, Kartoffelbrot, Ciabatta, Baguette, Focaccia, Käsebrötchen

RESTEVERWERTUNG

- Nudelsoße (mit Nudelwasser vermischen und nochmal abschmecken)
- Verfeinern von Tomaten- und Paprikasoßen
- Verfeinern von Cremesuppen
- Verfeinern von Sahne- und Béchamelsoßen
- Dip zu Rohkost
- Dip zu Bratlingen
- Verfeinern von Currys
- Soße zu Fondue
- Soße zu Raclette
- Verfeinern von Risotto
- Soße zu Burger und Hotdogs
- Füllung für Pfannkuchen
- zu Pellkartoffeln

APFEL-ZWIEBEL-SCHMELZ

Gebratene Zwiebeln und Äpfel sind eine wunderbare Grundlage für einen leckeren Aufstrich. Noch besser wird der Apfel-Zwiebel-Schmelz mit Tropea-Zwiebeln aus Italien oder Roscoff-Zwiebeln aus Frankreich.

Zutaten für 1 Glas, ca.350 g

2 große Zwiebeln, ca. 200 g
50 g Butter
10 g Olivenöl
2 Äpfel, ca. 250 g (ungeschält)
100 g Frischkäse
½ TL Knoblauchpaste, alternativ 1 Knoblauchzehe
1 TL Paprika edelsüß
1 TL Curry
1 TL Garten-Kräutersalz, alternativ Kräutersalz
Salz, Pfeffer

Haltbarkeit: 4-5 Tage

VORBEREITUNGEN Die Zwiebeln sehr fein würfeln. Butter und Öl in einer Pfanne zerlassen und die Zwiebelwürfel darin braten, bis sie Farbe annehmen.

Die Äpfel schälen, entkernen und grob reiben. Dazugeben und einige Minuten mitbraten. Abkühlen lassen.

VON HAND/HANDRÜHRGERÄT Frischkäse mit dem durchgepressten Knoblauch, Paprika, Curry und Kräutersalz vermischen. Die Zwiebel-Apfel-Mischung unterheben. Mit Salz und Pfeffer abschmecken.

MIXER/TM/ZERKLEINERER Alle Zutaten, außer Zwiebeln und Äpfel in den Topf geben und fein pürieren. Zwiebeln und Äpfel von Hand untermischen und mit Salz und Pfeffer abschmecken.

PÜRIERSTAB Alle Zutaten, außer Zwiebeln und Äpfel, in einen hohen Rührbecher geben und fein pürieren. Zwiebeln und Äpfel von Hand untermischen und mit Salz und Pfeffer abschmecken.

BROTEMPFEHLUNG Bauernbrot, Pumpernickel, Vollkornbrot, Vollkornbrötchen, Mischbrot, Roggenbrot, Bierbrot, Saatenbrötchen

RESTEVERWERTUNG

- Dip für Rohkost
- Soße zu Bratlingen
- Verfeinern von Currys
- Füllung für Ravioli (mit Semmelbröseln und eventuell 1 Ei mischen)
- Soße zu Fondue
- Verfeinern von Risotto

FRISCHKÄSE DELUXE

Hier stelle ich Ihnen eine weitere Variante für einen Kräuterfrischkäse vor. Die Deluxe-Variante wird fester als die Kräuter-Frischkäse-Mousse und schmeckt intensiver. Sie müssen nur daran denken, bereits 2 Tage vorher zu beginnen, da er so lange im Kühlschrank abtropfen muss.

Zutaten für 1 Glas, ca. 350-400 g

200 g Sahne
1 Handvoll frische Kräuter (Dill, Petersilie, Basilikum, Estragon, Kerbel)
½ TL Knoblauchpaste, alternativ 1 Knoblauchzehe
100 g Schmand
250 g Quark, 20 %
1 TL Garten-Kräutersalz, alternativ Kräutersalz
Salz, Pfeffer

Haltbarkeit: 6-7 Tage

VON HAND/HANDRÜHRER Die Sahne steif schlagen. Kräuter fein hacken und den Knoblauch durchpressen. Schmand und Quark mit dem Kräutersalz und Knoblauch cremig rühren.

Sahne untermischen, mit Salz und Pfeffer abschmecken und die Kräuter unterheben.

Ein Sieb mit einem Mulltuch auslegen und in eine Schüssel stellen. Die Frischkäsemasse einfüllen und mit dem Tuch abdecken. 2 Tage in den Kühlschrank stellen und gut abtropfen lassen.

BROTEMPFEHLUNG Baguette, Pumpernickel, Bagels, Laugengebäck, Saatenbrötchen, Vollkornbrot, Vollkornbrötchen, Seelen

RESTEVERWERTUNG

- Dip für Rohkost
- Verfeinern von Sahne- und Béchamelsoßen
- Topping oder Verfeinern von cremigen Suppen
- Überbacken von Fleisch oder Gemüse (mit Semmelbröseln und geriebenem Käse mischen)
- Füllung für Ravioli (mit Semmelbröseln und eventuell 1 Ei mischen)
- zu Pellkartoffeln
- Belag für Brotfladen oder Flammkuchen (mit Milch etwas verdünnen)
- Verfeinern von Risotto

Tipp: Variieren Sie den Frischkäse mal mit italienischen Kräutern (Thymian, Oregano, Rosmarin, Basilikum), etwas Tomatenmark und fein geriebenem Parmesankäse.

MEDITERRANE KÄSECREME

Mit getrockneten Tomaten, Parmesankäse und Ricotta bekommt dieser Aufstrich eine mediterrane Note.

Zutaten für 1 Glas, 370 g

30 g getrocknete Tomaten
50 g Parmesan
½ TL Knoblauchpaste, alternativ 1 Knoblauchzehe
150 g Ricotta
50 g Mascarpone
70 g Sahne
15 g Tomatenmark
¼ TL Italienisches Kräutersalz
1 TL Thymian getrocknet
1 TL Oregano getrocknet
Salz, Pfeffer

Haltbarkeit: 6-7 Tage

VON HAND/HANDRÜHRGERÄT Die Tomaten möglichst fein hacken. Parmesan sehr fein reiben. Knoblauch durchpressen.

Ricotta, Mascarpone, Sahne, Tomatenmark, Kräutersalz, Thymian und Oregano cremig rühren. Tomaten, Parmesan und Knoblauch unterheben und mit Salz und Pfeffer abschmecken.

MIXER/TM/ZERKLEINERER Tomaten, Parmesan und Knoblauch in den Topf geben und fein zerkleinern.

Restliche Zutaten dazugeben und alles vermischen. Mit Salz und Pfeffer abschmecken.

PÜRIERSTAB Tomaten etwas zerkleinern. Parmesan fein reiben. Mit allen anderen Zutaten in einen hohen Rührbecher geben und fein pürieren. Mit Salz und Pfeffer abschmecken.

BROTEMPFEHLUNG Ciabatta, Focaccia, Pumpernickel, Vollkornbrot, Seelen, Bagels, Bauernbrot

RESTEVERWERTUNG

- Nudelsoße (mit etwas Nudelwasser und geriebenem Käse vermischen)
- Verfeinern von Tomaten- und Paprikasoßen
- Dip für Rohkost
- Verfeinern von Sahne- und Béchamelsoßen
- Soße zu Frikadellen
- Topping oder Verfeinern von cremigen Suppen
- Überbacken von Fleisch oder Gemüse (mit Semmelbröseln vermischen)
- Füllung für Ravioli (mit Semmelbröseln und eventuell 1 Ei vermischen)
- Soße zu Fondue
- Soße zu Raclette
- zu Pellkartoffeln
- Verfeinern von Risotto
- Soße zu Burgern

Tipp: Statt Ricotta können Sie auch Frischkäse verwenden.

VEGANE AUFSTRICHE

STEINPILZPULVER SELBST MACHEN

Steinpilzpulver bringt eine schöne Vollmundigkeit in den Aufstrich. Es lässt sich aus getrockneten Steinpilzen ganz einfach selbst herstellen. Dazu die Pilze in den Zerkleinerer geben und fein mahlen. Stellen Sie das Steinpilzpulver gleich in größerer Menge her. Es passt auch sehr gut zu vielen Soßen und Gerichten, die Pilze enthalten.

CHAMPIGNON-NUSS-PATÉ

Bei diesem Rezept werden die Pilze zusammen mit Zwiebeln im Ofen vorgegart. So bekommen Sie das volle Aroma in diesen leckeren Pilzaufstrich. Zum Einwecken lassen Sie bitte die Petersilie weg.

Zutaten für 1 Glas, ca. 400 g

300 g braune Champignons
1 Zwiebel, ca. 90 g
40 g Olivenöl
½ TL Knoblauchpaste, alternativ 1 Knoblauchzehe
50 g Haselnüsse
½ Bund glatte Petersilie
½ TL Oregano
½ TL Thymian
1 TL Steinpilzpulver (siehe Kasten)
1 TL Garten-Kräutersalz, alternativ Kräutersalz
10 g Zitronensaft
10 g Tomatenmark
6 g Balsamicoessig dunkel
5 g Agavendicksaft
Salz, Pfeffer

Haltbarkeit: 6-7 Tage

Einwecken: 40 Grad/30 Minuten

VORBEREITUNGEN Backofen auf 200 Grad vorheizen. Pilze und die Zwiebel vierteln und in eine feuerfeste Form geben. Mit 20 g Olivenöl beträufeln und 25 Minuten braten. Anschließend in ein Sieb geben und abkühlen lassen.

VON HAND/HANDRÜHRGERÄT Pilze und Zwiebeln sehr fein hacken. Knoblauch schälen und durchpressen. Haselnüsse fein mahlen. Petersilie fein hacken. Alle Zutaten verrühren. Mit Salz und Pfeffer abschmecken.

MIXER/TM/ZERKLEINERER Haselnüsse und Petersilie in den Topf geben und fein mahlen. Restliche Zutaten dazugeben und alles nicht ganz fein zerkleinern. Mit Salz und Pfeffer abschmecken.

PÜRIERSTAB Haselnüsse fein mahlen. Alle Zutaten in einen hohen Rührbecher geben und nicht ganz fein pürieren. Mit Salz und Pfeffer abschmecken.

BROTEMPFEHLUNG Bauernbrot, Vollkornbrot, Mischbrot, Nussbrot, Vollkornbrötchen, Roggenbrot, Roggenbrötchen

RESTEVERWERTUNG

- Dip für Rohkost
- Soße zu Bratlingen
- Pesto zu Pasta (mit etwas Nudelwasser, Käse und Sahne vermischen)
- Überbacken von kurzgebratenem Fleisch (Semmelbrösel untermischen)
- Soße zu Raclette
- Füllung für Ravioli (Semmelbrösel und eventuell 1 Ei untermischen)
- Füllung für Pfannkuchen
- Abschmecken und Verfeinern von Risotto

TOMATEN-MARMELADE

Hier lohnt es sich, gleich mehr zu kochen, da die Marmelade durch den Zucker und Balsamicoessig lange hält. Für ein besseres Aroma werden die Tomaten zusammen mit Kräutern, Zwiebeln und Knoblauch im Backofen geröstet. Die Tomaten-Marmelade passt ganz besonders gut zu Käse.

Zutaten für 3 kleine Gläser von je 200 g

700 g aromatische Tomaten
20 g Olivenöl
1 Zwiebel, ca. 100 g
2 TL Knoblauchpaste, alternativ 4 Knoblauchzehen
1 Handvoll frische Kräuter (Thymian, Basilikum, Oregano, Petersilie)
35 g dunkler Balsamicoessig
80 g Gelierzucker
30 g Tomatenmark
1 TL Italienisches Kräutersalz, alternativ Kräutersalz
Salz, Pfeffer

Haltbarkeit: 9-12 Monate

Backofen auf 220 Grad vorheizen. Die Tomaten vierteln. Eine große ofenfeste Form mit dem Öl einpinseln. Zwiebel in Stücke schneiden und Knoblauch schälen.

Tomaten, Zwiebeln, Knoblauch und Kräuter in die Form geben und 30 Minuten im Backofen garen. Anschließend heiß durch ein feines Sieb passieren und in einen Topf füllen.

Ausreichend Gläser mit kochendem Wasser ausspülen. Die Deckel kurz in kochendes Wasser legen.

Alle restlichen Zutaten zum Tomatenpüree geben und aufkochen. 2-3 Minuten kochen lassen. Mit Salz und Pfeffer abschmecken und in die Gläser abfüllen. Sofort verschließen.

BROTEMPFEHLUNG Baguette, Ciabatta, helle Brötchen, Toast

RESTEVERWERTUNG

- Soße zu Bratlingen
- Verfeinern von Tomaten- oder Paprikasoßen
- Soße zu Grillgerichten
- Soße zu Fondue
- Verfeinern von Risotto
- Soße zu Burger

ROTE-BETE-HUMMUS

Wenn Sie wie ich kein Tahin mögen, können Sie Hummus auch einfach mit etwas Sesamöl herstellen. Alternativ könnte man auch gerösteten Sesam verwenden und diesen fein mahlen. Sie können natürlich auch zusätzlich Tahin dazugeben.

Zutaten für 1 Glas, 440 g

1 Schalotte, ca. 30 g
70 g Cashewkerne
190 g gegarte Rote Bete
130 g gegarte Kichererbsen
½ TL Knoblauchpaste, alternativ 1 Knoblauchzehe
20 g Sesamöl, alternativ anderes Öl
10 g Zitronensaft
12 g Meerrettich
½ Bund Schnittlauch
½-1 TL Italienisches Kräutersalz, alternativ Kräutersalz
Salz, Pfeffer

Haltbarkeit: 5-7 Tage

MIXER/TM/ZERKLEINERER Schalotte fein hacken. Cashewkerne in den Topf geben und fein mahlen. Alle restlichen Zutaten, außer Schalotten und Schnittlauch, dazugeben und fein pürieren. Schalotten mit einem Löffel untermischen. Mit Salz und Pfeffer abschmecken.

Schnittlauch in feine Röllchen schneiden und erst kurz vor dem Servieren dazugeben oder darüberstreuen.

PÜRIERSTAB Cashewkerne fein reiben. Schalotte fein hacken. Rote Bete in grobe Stücke schneiden.

Alle Zutaten, außer Schalotten und Schnittlauch, in einen hohen Rührbecher geben und fein pürieren. Mit Salz und Pfeffer abschmecken. Schalotten mit einem Löffel untermischen. Schnittlauch in feine Röllchen schneiden und erst kurz vor dem Servieren dazugeben oder darüberstreuen.

BROTEMPFEHLUNG Roggen-Mischbrot, Paderborner, Vollkornbrot, Fladenbrot, Baguette, Bauernbrot

RESTEVERWERTUNG

- Dip für Rohkost
- Verfeinern von cremigen Suppen
- Soße zu geräucherten Fischgerichten
- Soße zu Falafel
- Soße zu orientalischen Gerichten
- Soße zu Bratlingen
- Füllung für Ravioli (Semmelbrösel und eventuell 1 Ei untermischen)
- Soße zu Fondue
- Soße zu Gegrilltem
- Füllung für Pfannkuchen

Tipp: Der Schnittlauch wird erst kurz vor dem Servieren auf den Hummus gestreut, da er nach längerem Stehen schnell bitter wird.

FEINE PAPRIKA-CREME

Der Aufstrich wird besonders fein und intensiv, wenn Sie die Paprikaschoten vorher im Backofen rösten und die Haut abziehen.

Zutaten für 1 Glas, 400-450 g

3 große rote Paprikaschoten
100 g Cashewkerne
20 g getrocknete Tomaten
½ TL Knoblauchpaste, alternativ 1 Knoblauchzehe
25 g Olivenöl
20 g Hafersahne, alternativ andere pflanzliche Sahne
½-1 TL Italienisches Kräutersalz, alternativ Kräutersalz
1 TL Paprika edelsüß
4 g Agavendicksaft
Salz, Pfeffer

Haltbarkeit: 5-7 Tage

Einwecken: 90 Grad/30 Minuten

VORBEREITUNGEN Eine Auflaufform mit 10 g Öl einpinseln. Die Paprikaschoten halbieren, mit der Schnittfläche nach unten in die Auflaufform legen und bei 250 Grad im Backofen garen, bis die Haut schwarz wird und Blasen wirft. Dann 10 Minuten abkühlen lassen und die Haut abziehen.

VON HAND/HANDRÜHRGERÄT Cashewkerne fein mahlen und Tomaten möglichst fein zerkleinern. Knoblauch durchpressen. Paprikaschoten sehr fein hacken. Alle Zutaten verrühren und mit Salz und Pfeffer abschmecken.

MIXER/TM/ZERKLEINERER Cashewkerne und getrocknete Tomaten in den Topf geben und fein mahlen. Alle restlichen Zutaten dazugeben und fein pürieren. Mit Salz und Pfeffer abschmecken.

PÜRIERSTAB Cashewkerne fein mahlen. Tomaten in kleinere Stücke schneiden. Alle Zutaten in einen hohen Rührbecher geben und fein pürieren. Mit Salz und Pfeffer abschmecken.

BROTEMPFEHLUNG Baguette, Focaccia, Kartoffelbrot, Weizenbrot, Weißbrot, Ciabatta, helle Brötchen, Bauernbrot

RESTEVERWERTUNG

- Nudelsoße (mit etwas Nudelwasser und geriebenem Käse vermischen)
- Verfeinern von Sahne- und Béchamelsoßen
- Verfeinern von Paprika- und Tomatensoßen
- Dip zu Rohkost
- Soße zu Bratlingen
- Verfeinern von cremigen Suppen
- Überbacken von Fleisch (mit Semmelbröseln mischen) oder Nudelaufläufen (mit geriebenem Käse vermischen und mit veganer Sahne verdünnen)
- Füllung für Ravioli (Semmelbrösel untermischen)
- Soße zu Raclette
- Soße zu Fondue
- Soße zu Gegrilltem
- Soße zu Fisch
- zu Pellkartoffeln
- Belag für Brotfladen (eventuell geriebenen Käse untermischen)
- Verfeinern von Risotto
- Soße zu Hamburgern oder Hotdogs

BOHNEN-AUFSTRICH MIT KARAMELLISIERTEN ZWIEBELN

Den besonderen Kick bekommt dieser Bohnen-Aufstrich durch karamellisierte Zwiebeln. Zum Einwecken lassen Sie bitte die Petersilie weg.

Zutaten für 1 Glas, ca. 520 g

2 große Zwiebeln, 200 g
20 g Olivenöl
6 g Zucker
50 g Cashewkerne
½ TL Knoblauchpaste, alternativ 1 Knoblauchzehe
1 kleine Dose weiße Bohnen, 240 g
¼ Bund glatte Petersilie
10 g Zitronensaft
1 TL Garten-Kräutersalz, alternativ Kräutersalz
¼ TL Kreuzkümmel
Salz, Pfeffer

Haltbarkeit: 7-8 Tage

Einwecken: 90 Grad/30 Minuten (ohne Petersilie)

VORBEREITUNGEN Die Zwiebeln würfeln und im Olivenöl anbraten. Nach 5 Minuten den Zucker zugeben und karamellisieren lassen.

VON HAND/HANDRÜHRGERÄT Cashewkerne fein mahlen. Knoblauch durchpressen. Bohnen abgießen, abtropfen lassen und pürieren oder mit einer Gabel oder einem Kartoffelstampfer fein zerdrücken. Petersilie fein hacken.

Alle Zutaten vermischen. Mit Salz, Pfeffer und Zitronensaft abschmecken.

MIXER/TM/ZERKLEINERER Cashewkerne in den Topf geben und fein mahlen. Bohnen abgießen, abtropfen lassen und mit dem Knoblauch und der Petersilie dazugeben.

Alles fein zerkleinern. Zitronensaft, Kräutersalz und Kreuzkümmel dazugeben und untermischen. Die Zwiebeln von Hand untermischen. Mit Salz, Pfeffer und Zitronensaft abschmecken.

PÜRIERSTAB Cashewkerne fein mahlen. Bohnen abgießen, abtropfen lassen und mit allen Zutaten, außer den Zwiebeln, in einen hohen Rührbecher geben. Fein pürieren.

Die Zwiebeln mit einem Löffel untermischen. Mit Salz, Pfeffer und Zitronensaft abschmecken.

BROTEMPFEHLUNG helles Bauernbrot, Vollkornbrot, Mischbrot, Kartoffelbrot, Saatenbrötchen, Vollkornbrötchen, Nussbrot, Roggenbrot

RESTEVERWERTUNG

- Soße zu Falafel und Bratlingen
- Soße zu Gegrilltem
- Dip für Rohkost

SÜSSKARTOFFEL-HUMMUS

Bei diesem Hummus habe ich statt Tahin gerösteten und gemahlenen Sesam und etwas Sesamöl verwendet. Das leicht süß schmeckende Süßkartoffel-Hummus lässt sich sehr gut einwecken.

Zutaten für 1 Glas, ca. 450 g

1 kleine Süßkartoffel, ca. 300 g
20 g Olivenöl
25 g Sesam
130 g Kichererbsen, gegart
1 TL Knoblauchpaste, alternativ 2 Knoblauchzehen
10 g Zitronensaft
½ TL Kreuzkümmel
½ TL Koriander
30 g Sesamöl
1 TL Salz
Salz, Pfeffer

Haltbarkeit: 7-8 Tage

Einwecken: 90 Grad/30 Minuten (ohne Petersilie)

VORBEREITUNGEN Die Süßkartoffel längs halbieren und jede Hälfte von oben mit einem Messer mehrmals einstechen. Olivenöl auf dem Boden einer feuerfesten Form verteilen und die Süßkartoffelhälften mit der Schnittfläche nach unten hineinsetzen.

Bei 200 Grad 40-50 Minuten garen. Dann abkühlen lassen und die Schale entfernen.

Sesam in einer Pfanne trocken anrösten und abkühlen lassen.

VON HAND/HANDRÜHRGERÄT Sesam möglichst fein mahlen. Kichererbsen und Süßkartoffel pürieren oder mit einer Gabel oder einem Kartoffelstampfer fein zerdrücken. Alle Zutaten vermischen und mit Salz und Pfeffer abschmecken.

MIXER/TM/ZERKLEINERER Sesam in den Topf geben und fein mahlen. Restliche Zutaten dazugeben und alles fein pürieren. Mit Salz und Pfeffer abschmecken.

PÜRIERSTAB Sesam fein mahlen. Alle Zutaten in einen hohen Rührbecher geben und mit dem Pürierstab fein pürieren. Mit Salz und Pfeffer abschmecken.

BROTEMPFEHLUNG Fladenbrot, Toastbrot, Weißbrot, Toasties

RESTEVERWERTUNG

- Soße zu Bratlingen und Falafel
- Beilage zu orientalischen Gerichten
- Dip für Rohkost
- Verfeinern von Kartoffelcremesuppe
- Füllung für Ravioli (mit Semmelbröseln und geriebenem Käse vermischen)
- Füllung für Pfannkuchen

Tipp: Zum Servieren mit etwas Olivenöl beträufeln und mit gehackter glatter Petersilie bestreuen.

BÄRLAUCH-KICHERERBSEN-CREME

Bei diesem Rezept habe ich statt frischem Bärlauch Bärlauchpaste verwendet, die Sie während der Bärlauchsaison selbst herstellen können (Seite 45). So können Sie das ganze Jahr über diese leckere Bärlauch-Kichererbsen-Creme zubereiten.

Zutaten für 1 Glas, ca. 270 g

50 g Cashewkerne
150 g gekochte und gut abgetropfte Kichererbsen
½ Bund glatte Petersilie
1 Bund Bärlauch oder 2 volle TL Bärlauchpaste und weniger Salz
10 g Zitronensaft
50 g Sesamöl, alternativ anderes Öl
½ TL Garten-Kräutersalz, alternativ Kräutersalz
4 g Agavendicksaft
Salz, Pfeffer

Haltbarkeit: 7-8 Tage

VON HAND/HANDRÜHRGERÄT Cashewkerne fein mahlen. Kichererbsen fein pürieren oder mit einer Gabel oder einem Kartoffelstampfer fein zerdrücken. Petersilie und frischen Bärlauch fein hacken. Alle Zutaten vermischen und mit Salz und Pfeffer abschmecken.

MIXER/TM/ZERKLEINERER Cashewkerne fein mahlen. Kichererbsen, Petersilie und frischen Bärlauch dazugeben und fein zerkleinern. Restliche Zutaten dazugeben, vermischen und mit Salz und Pfeffer abschmecken.

PÜRIERSTAB Cashewkerne fein mahlen. Alle Zutaten in einen hohen Rührbecher geben und fein pürieren. Mit Salz und Pfeffer abschmecken.

BROTEMPFEHLUNG Roggenbrot, Vollkornbrot, Bauernbrot, Mischbrot, Baguette

RESTEVERWERTUNG

- Beilage zu orientalischen Gerichten
- Soße zu Bratlingen und Falafel
- Dip für Rohkost
- Füllung für Ravioli (mit Semmelbröseln und eventuell 1 Ei vermischen)
- Füllung für Pfannkuchen

TOMATEN-KAROTTEN-AUFSTRICH

Dieser Aufstrich kommt bei uns oft auf den Frühstückstisch. Er ist mit dem Thermomix schnell gemacht und Reste lassen sich toll weiterverarbeiten. Sie können den Aufstrich auch gleich in größerer Menge zubereiten und einwecken.

Zutaten für 2 Gläser, ca. 480 g

50 g Mandeln
240 g Karotten
1 Zwiebel, ca. 90 g
½ TL Knoblauchpaste, alternativ 1 Knoblauchzehe
20 g Olivenöl
90 g Tomatenmark
1 TL Oregano
½-1 TL Italienisches Kräutersalz, alternativ Kräutersalz
Salz, Pfeffer

Haltbarkeit: 7-8 Tage

Einwecken: 90 Grad/30 Minuten

VORBEREITUNGEN Karotten schälen und fein reiben. Zwiebel schälen und in feine Würfel schneiden. Knoblauch durchpressen.

Die Zwiebelwürfel in Olivenöl andünsten. Karotten dazugeben und 5 Minuten braten. Knoblauch dazugeben und kurz mitbraten.

VON HAND/HANDRÜHRGERÄT Die Mandeln möglichst fein mahlen. Alle Zutaten gründlich vermischen und mit Salz und Pfeffer abschmecken.

MIXER/TM/ZERKLEINERER Die Mandeln fein mahlen. (Im Thermomix können die Karotten und Zwiebeln gleich zerkleinert und 3 Minuten bei 100 Grad/Stufe 2 angebraten werden.) Alle restlichen Zutaten in den Topf geben und noch etwas zerkleinern bzw. vermischen. Mit Salz und Pfeffer abschmecken.

PÜRIERSTAB Die Mandeln fein mahlen. Alle Zutaten in einen hohen Rührbecher geben und mit dem Pürierstab vermischen und nicht ganz fein pürieren. Mit Salz und Pfeffer abschmecken.

BROTEMPFEHLUNG Ciabatta, Mischbrot, Weizenbrot, Dinkelbrot, Baguette, helle Brötchen, Bauernbrot

RESTEVERWERTUNG

- Dip zu Rohkost
- Soße zu Bratlingen
- Nudelsoße (mit etwas Nudelwasser vermischen und geriebenen Käse dazugeben)
- Verfeinern von Tomaten- und Paprikasoßen
- Füllung für Ravioli (mit Semmelbröseln und eventuell 1 Ei vermischen)
- Soße zu Raclette
- Soße zu Fondue
- Soße zu Fisch
- Füllung für Pfannkuchen

Tipp: Probieren Sie den Aufstrich auch mal mit Haselnüssen, Walnüssen oder Cashews.

AUBERGINEN-CREME MIT GRANATAPFELKERNEN

Diese Auberginen-Creme passt nicht nur gut zu Brot, sie ist auch eine tolle Beilage zu orientalischen Gerichten wie Falafel oder vegetarischen und veganen Bratlingen. Die Granatapfelkerne kommen erst kurz vor dem Anrichten auf die Creme.

Zutaten für 1 Glas, ca. 400 g

2 kleine Auberginen
20 g Olivenöl
100 g Sonnenblumenkerne
1 TL Knoblauchpaste, alternativ 2 Knoblauchzehen
50 g Tomatenmark
10 g Zitronensaft
1 TL Garam Masala
1 TL Oregano
2 TL Paprika edelsüß
½-1 TL Italienisches Kräutersalz, alternativ Kräutersalz
1 TL Salz
5 g Agavendicksaft
Salz, Pfeffer
2-3 EL Granatapfelkerne

Haltbarkeit: 3-4 Tage

Einwecken: 90 Grad/30 Minuten (ohne Granatapfelkerne)

VORBEREITUNGEN Auberginen mit einer Gabel rundum einstechen. Olivenöl in einer feuerfesten Form verteilen, Auberginen längs halbieren und mit der Schnittfläche nach unten im vorgeheizten Backofen bei 200 Grad 30 Minuten backen. Dann das Fruchtfleisch noch warm mit einem Esslöffel aus der Schale kratzen.

VON HAND/HANDRÜHRGERÄT Das Fruchtfleisch ganz fein hacken. Sonnenblumenkerne fein mahlen. Knoblauch durchpressen.

Alle Zutaten gründlich vermischen. Auf einem Teller anrichten und mit Granatapfelkernen bestreuen.

MIXER/TM/ZERKLEINERER Sonnenblumenkerne in den Topf geben und fein mahlen. Alle restlichen Zutaten dazugeben und vermischen bzw. feiner zerkleinern. Auf einem Teller anrichten und mit Granatapfelkernen bestreuen.

PÜRIERSTAB Sonnenblumenkerne fein mahlen. Alle Zutaten in einen hohen Rührbecher geben und gründlich vermischen bzw. pürieren. Auf einem Teller anrichten und mit Granatapfelkernen bestreuen.

BROTEMPFEHLUNG Fladenbrot, Baguette, Ciabatta, Toast, Weißbrot, Toasties

RESTEVERWERTUNG

- Dip für Rohkost
- Soße zu Bratlingen und Falafel
- Beilage zu orientalischen Gerichten
- Soße zu Fondue
- Füllung für Pfannkuchen

FEINE LINSEN-CREME

Ich habe für diesen Aufstrich rote Linsen verwendet, die schnell gar sind. Die Linsen-Creme schmeckt aber auch mit grünen oder braunen Linsen sehr gut.

Zutaten für 1 Glas, ca. 500 g

100 g rote Linsen
500 g Wasser
1 TL Gemüsebrühe
1 Zwiebel, ca. 90 g
1 Karotte, ca. 150 g
½ TL Knoblauchpaste, alternativ 1 Knoblauchzehe
30 g Kokosöl, alternativ anderes Öl
50 g Cashewkerne
½ Bund glatte Petersilie
½ TL Ingwer
¼ TL Kreuzkümmel
1 TL Garten-Kräutersalz, alternativ Kräutersalz
5 g Sojasoße
4 g Agavendicksaft
20 g Tomatenmark
5 g Zitronensaft
Salz, Pfeffer

Haltbarkeit: 6-7 Tage

Einwecken: 90 Grad/30 Minuten (ohne Petersilie)

VORBEREITUNGEN Die Linsen mit dem Wasser und der Gemüsebrühe aufkochen und 10 Minuten bei mittlerer Hitze kochen lassen. In ein Sieb gießen und abkühlen lassen. Die Zwiebel fein würfeln, Karotte fein reiben und beides im Kokosöl 5-6 Minuten anbraten. (Im Thermomix können Zwiebel und Karotte direkt zerkleinert und angebraten werden.)

Knoblauch durchpressen, dazugeben und kurz mitbraten. Abkühlen lassen.

VON HAND/HANDRÜHRGERÄT Cashewkerne fein mahlen. Petersilie fein hacken. Die Linsen mit einer Gabel oder einem Kartoffelstampfer feiner zerdrücken. Alle Zutaten gründlich vermischen und mit Salz und Pfeffer abschmecken. Von Hand wird die Creme nicht ganz fein.

MIXER/TM/ZERKLEINERER Cashewkerne und Petersilie fein zerkleinern. Alle restlichen Zutaten in den Topf geben und fein zerkleinern und vermischen. Mit Salz und Pfeffer abschmecken.

PÜRIERSTAB Cashewkerne fein mahlen. Alle Zutaten in einen hohen Rührbecher geben und gründlich vermischen bzw. pürieren. Mit Salz und Pfeffer abschmecken.

BROTEMPFEHLUNG Bauernbrot, Fladenbrot, Mischbrot, Weizenbrot, Dinkelbrot

RESTEVERWERTUNG

- Dip für Rohkost
- Soße zu Bratlingen und Falafel
- Soße zu Grillgerichten
- Füllung für Ravioli (mit Semmelbröseln und eventuell 1 Ei mischen)
- Füllung für Pfannkuchen

PAPRIKA-AUBERGINEN-AUFSTRICH

Die Arbeit lohnt sich: Im Backofen geröstete Paprika und Aubergine ergeben eine sehr aromatische Grundlage für diesen Aufstrich.

Zutaten für 1 Glas, ca. 500 g

1 mittelgroße Aubergine, ca. 200 g
2 große rote Paprikaschoten, ca. 400 g
20 g Olivenöl
75 g Cashewkerne
½ TL Knoblauchpaste, alternativ 1 Knoblauchzehe
25 g Tomatenmark
5 g Zitronensaft
5 g dunkler Balsamicoessig
1 TL Thymian
1 TL Italienisches Kräutersalz, alternativ Kräutersalz
1 TL Paprika edelsüß
5 g Honig
Salz, Pfeffer

Haltbarkeit: 6-7 Tage

Einwecken: 90 Grad/30 Minuten

VORBEREITUNGEN Backofen auf 250 Grad vorheizen. Die Aubergine rundum mit einer Gabel oder einem Messer einstechen und längs halbieren. Paprika längs halbieren und die Kerne entfernen. Eine große ofenfeste Form mit dem Öl einpinseln. Aubergine und Paprika mit der Schnittfläche nach unten in die Form setzen.

Im Backofen backen, bis die Haut der Paprika schwarz wird. Rausnehmen, kurz auskühlen lassen. Die Haut der Paprika abziehen und das Fruchtfleisch der Aubergine mit einem Löffel auskratzen.

VON HAND/HANDRÜHRGERÄT Auberginen und Paprika sehr fein hacken. Cashewkerne fein mahlen. Knoblauch durchpressen. Alle Zutaten gründlich vermischen und mit Salz und Pfeffer abschmecken.

MIXER/TM/ZERKLEINERER Cashewkerne in den Topf geben und fein mahlen. Restliche Zutaten dazugeben und alles fein pürieren. Mit Salz und Pfeffer abschmecken.

PÜRIERSTAB Cashewkerne fein mahlen. Alle Zutaten in einen hohen Rührbecher geben und fein pürieren. Mit Salz und Pfeffer abschmecken.

BROTEMPFEHLUNG Baguette, Ciabatta, Mischbrot, Weizenbrot, Toast, helle Brötchen, Bagels, Bauernbrot, Fladenbrot

RESTEVERWERTUNG

- Dip für Rohkost
- Soße zu Bratlingen
- Nudelsoße (mit Nudelwasser verdünnen und geriebenen Käse dazugeben)
- Verfeinern von Tomaten- und Paprikasoßen
- Verfeinern von Sahne- und Béchamelsoßen
- Topping oder Verfeinern von cremigen Suppen
- Überbacken von kurzgebratenem Fleisch (mit Semmelbröseln vermischen)
- Füllung von Ravioli (mit Semmelbröseln und eventuell 1 Ei vermischen)
- Belag für Brotfladen
- Soße zu Grillgerichten
- Füllung für Pfannkuchen
- Verfeinern von Risotto
- Soße zu Burger
- Ersatz für Ajvar

KIDNEYBOHNEN-AJVAR-AUFSTRICH

Mit Kidneybohnen lässt sich ein toller veganer Aufstrich zubereiten. Verwenden Sie je nach Geschmack milden oder scharfen Ajvar.

Zutaten für 500 g

1 Zwiebel, ca. 80 g
20 g Olivenöl
½ TL Knoblauchpaste, alternativ 1 Knoblauchzehe
250 g Kidneybohnen gegart
100 g Ajvar, mild oder scharf, je nach Geschmack
50 g Tomatenmark
5 g Agavendicksaft
1 TL Garam-Marsala
1 TL Paprika edelsüß
½ TL geräucherter Paprika
1 TL Thymian
5 g Sojasoße
½ TL Italienisches Kräutersalz, alternativ Kräutersalz
Salz, Pfeffer

Haltbarkeit: 5-6 Tage

VORBEREITUNGEN Die Zwiebel würfeln und im Olivenöl anbraten. Durchgepressten Knoblauch zugeben und kurz mitbraten.

VON HAND/HANDRÜHRGERÄT Kidneybohnen mit einer Gabel oder einem Kartoffelstampfer fein zerdrücken.

Mit allen restlichen Zutaten, außer den Zwiebeln, in einen hohen Rührbecher geben und gründlich vermischen. Die Zwiebeln mit einem Löffel unterheben. Mit Salz und Pfeffer abschmecken.

MIXER/TM/ZERKLEINERER Alle Zutaten, außer Zwiebeln, in den Topf geben und fein pürieren. Zwiebeln mit einem Löffel untermischen und mit Salz und Pfeffer abschmecken.

PÜRIERSTAB Alle Zutaten, außer Zwiebeln, in einen hohen Rührbecher geben und fein pürieren. Zwiebeln mit einem Löffel untermischen und mit Salz und Pfeffer abschmecken.

BROTEMPFEHLUNG helles Bauernbrot, Mischbrot, Kartoffelbrot, Dinkelbrot, Baguette, helle Brötchen, Saatenbrötchen, Bierbrot

RESTEVERWERTUNG
- Dip für Rohkost
- Nudelsoße (mit Nudelwasser verdünnen und geriebenen Käse untermischen)
- Soße zu Bratlingen
- Füllung für Ravioli (mit Semmelbröseln und 1 Ei mischen)
- Soße zu Raclette
- Soße zu Gegrilltem
- Belag für Brotfladen
- Füllung für Pfannkuchen
- Verfeinern von Risotto

Brotbackliebe

REZEPTE MIT FISCH FÜR DIE PESCETARIER

Ja, wir wissen, Fisch ist nicht veggie, aber diese drei tollen Rezepte sind so lecker, dass sie hier einfach nicht fehlen durften.

THUNFISCH-PATÉ

Diese sehr leckere Paté macht sich zusammen mit einem guten Beilagenbrot super als Vorspeise und wertet jedes Büfett auf. Sie sollte innerhalb von 1-2 Tagen gegessen werden.

Zutaten für 1 Glas, 250 g

1 Schalotte, ca. 30 g
½ Bund Schnittlauch
1 kleine Dose Thunfisch in Wasser, ca. 180 g
75 g weiche Butter
50 g Schmand
½ TL Knoblauchpaste, alternativ 1 Knoblauchzehe
10 g Zitronensaft
10 g Cognac (kann auch weggelassen werden)
½ TL Garten-Kräutersalz, alternativ Kräutersalz
Salz, Pfeffer

Haltbarkeit: 1-2 Tage

VORBEREITUNGEN Die Schalotte fein würfeln. Schnittlauch in Röllchen schneiden. Knoblauch durchpressen.

VON HAND/HANDRÜHRGERÄT Thunfisch, Butter, Schmand, Knoblauch, Zitronensaft, Cognac und Kräutersalz cremig rühren. Schalotten und Schnittlauch unterrühren und mit Salz und Pfeffer abschmecken.

MIXER/TM/ZERKLEINERER Thunfisch, Butter, Schmand, Knoblauch, Zitronensaft, Cognac und Kräutersalz in den Topf geben und fein pürieren. Schalotten und Schnittlauch mit einem Löffel unterrühren und mit Salz und Pfeffer abschmecken.

PÜRIERSTAB Thunfisch, Butter, Schmand, Knoblauch, Zitronensaft, Cognac und Kräutersalz in einen hohen Rührbecher geben und fein pürieren. Schalotten und Schnittlauch mit einem Löffel unterrühren und mit Salz und Pfeffer abschmecken.

BROTEMPFEHLUNG Toastbrot, helles Mischbrot, Laugengebäck, Baguette, helle Brötchen, Bagels

RESTEVERWERTUNG

- Sandwich mit Salat und Tomaten
- Füllung für Ravioli (Semmelbrösel und 1 Ei untermischen)
- Füllung für Pfannkuchen

Tipp: Thunfisch-Paté sollte relativ schnell gegessen werden, daher besser nur die Menge zubereiten, die man benötigt.

LACHS-AUFSTRICH

Auch dieser Lachs-Aufstrich passt sehr gut aufs Büfett und zu Fischplatten. Zusammen mit frischem Toast ist er eine tolle Vorspeise, schmeckt aber auch zum Abendessen mit frischem Brot.

Zutaten für 1 Glas, ca. 500 g

60 g Cashewkerne
1 große Schalotte, ca. 40 g
4 Stiele Dill
100 g Räucherlachs
150 g Frischkäse
100 g Schmand
5 g Zitronensaft
30 g Sahnemeerrettich
½ TL Orangenschale
½ TL Garten-Kräutersalz, alternativ Kräutersalz
Salz, Pfeffer

Haltbarkeit: 2-3 Tage

VON HAND/HANDRÜHRGERÄT Cashews fein mahlen. Schalotte sehr fein würfeln. Dill fein hacken. Räucherlachs in sehr feine Würfel schneiden.

Alle Zutaten vermischen und cremig rühren. Schalotten unterrühren und mit Salz und Pfeffer abschmecken.

MIXER/TM/ZERKLEINERER Schalotte sehr fein würfeln. Cashewkerne in den Topf geben und fein mahlen. Alle restlichen Zutaten, außer Schalotten, dazugeben und fein pürieren.

Schalotten mit einem Löffel unterrühren und mit Salz und Pfeffer abschmecken.

PÜRIERSTAB Schalotte sehr fein würfeln. Cashewkerne fein mahlen. Alle Zutaten, außer Schalotten, in einen hohen Rührbecher geben und fein pürieren. Schalotten unterrühren und mit Salz und Pfeffer abschmecken.

BROTEMPFEHLUNG Toast, helles Mischbrot, Bauernbrot, Laugengebäck, Baguette, Ciabatta, helle Brötchen, Bagels, Weißbrot, Toasties

RESTEVERWERTUNG

- zu Pellkartoffeln
- Überbacken von Fischfilets (Semmelbrösel untermischen)
- Füllung für Ravioli (mit Semmelbröseln und eventuell 1 Ei mischen)
- Füllung für Pfannkuchen

FORELLEN-CREME

Für diesen Forellen-Aufstrich können Sie auch andere geräucherte Fischsorten verwenden. Forellen-Creme schmeckt besonders gut zu Toast oder dunklen Broten und ist eine tolle Abwechslung auf Fischplatten.

Zutaten für 1 Glas, ca. 320 g

1 Schalotte, ca. 40 g
je 5-6 Stiele Petersilie und Dill
75 g geräuchertes Forellenfilet
40 g weiche Butter
80 g Frischkäse
50 g Sahne
20 g Sahnemeerrettich
5 g Zitronensaft
1 TL Zitronenschale
6 g milder Senf
½ TL Garten-Kräutersalz, alternativ Kräutersalz
2 g Agavendicksaft
Salz, Pfeffer

Haltbarkeit: 3-4 Tage

VORBEREITUNGEN Die Schalotte in sehr feine Würfel schneiden.

VON HAND/HANDRÜHRGERÄT Kräuter fein hacken. Das Forellenfilet mit einer Gabel fein zerdrücken. Mit allen Zutaten, außer Schalotte, cremig rühren. Schalotten unterheben und mit Salz und Pfeffer abschmecken.

MIXER/TM/ZERKLEINERER Alle Zutaten, außer Schalotte, cremig rühren. Schalotten mit einem Löffel unterheben und mit Salz und Pfeffer abschmecken.

PÜRIERSTAB Alle Zutaten, außer Schalotten, fein pürieren. Schalotten unterheben und mit Salz und Pfeffer abschmecken.

BROTEMPFEHLUNG Toast, dunkles Mischbrot, Bauernbrot, helle Brötchen, Bagels, Seelen, Weißbrot, Pumpernickel, Vollkornbrot

RESTEVERWERTUNG

- zu Pellkartoffeln
- Füllung für Pfannkuchen
- Füllung für Ravioli (mit Semmelbröseln und eventuell 1 Ei vermischen)

BUTTER- UND FRISCHKÄSE-BOARDS

ITALIENISCHES BUTTER-BOARD

Die Butter wird mit Knoblauch, Tomatenmark. Olivenöl und Kräutersalz aromatisiert. Als Topping kommen Cocktailtomaten, Basilikum, Parmesan, Schalottenwürfel und Parmesanspäne auf die Creme. Verteilen Sie die frischen Zutaten am besten erst kurz vorm Servieren auf der Butter.

Zutaten für 1 Board

20 g Pinienkerne
200 g weiche Butter
½ TL Knoblauchpaste, alternativ 1 Knoblauchzehe
50 g Tomatenmark
1 TL Italienisches Kräutersalz, alternativ Kräutersalz
20 g Olivenöl
5 g Agavendicksaft
10 Cocktailtomaten
1 Schalotte, ca. 30 g
10 Basilikumblätter
20 g gehobelter Parmesankäse
Salz, Pfeffer
Balsamico-Creme

Haltbarkeit: 4-5 Tage

Pinienkerne in einer Pfanne trocken rösten und abkühlen lassen.

Butter, Knoblauch, Tomatenmark, Kräutersalz, Olivenöl und Agavendicksaft am besten mit einem Handrührer cremig rühren und auf ein Brett oder einen Teller streichen.

Tomaten vierteln und auf der Butter verteilen. Schalotte in sehr feine Würfel schneiden und auf der Butter verteilen. Mit dem Parmesankäse und den Pinienkernen bestreuen und mit Basilikumblättern belegen. Mit Salz und Pfeffer aus der Mühle würzen. Etwas Balsamico-Creme darauf verteilen.

Alternativ kann die Butter im Mixer oder Thermomix zubereitet oder mit dem Pürierstab püriert werden.

BROTEMPFEHLUNG Ciabatta, Baguette, Cracker, Grissini, Toast, Fladenbrot, Focaccia

RESTEVERWERTUNG

- Reste mit dem Topping gründlich vermischen oder pürieren.
- Nudelsoße (mit etwas Nudelwasser verdünnen), Cocktailtomaten untermischen
- Tomatenbutter als Topping für Steaks
- Abschmecken von Tomatensoßen, hellen Soßen und Cremesuppen
- Dip für Rohkost
- Soße zu Bratlingen
- Soße zu Gegrilltem oder Frikadellen
- Soße zu Fondue
- Verfeinern von Risotto

Tipp: Für eine leichte Variante die Butter gegen Frischkäse austauschen.

FRÜHLINGS-BOARD

Mit einem Topping aus Radieschen, Gurke, Frühlingszwiebeln, Tomaten und ganz viel frischen Kräutern erinnert dieses Frischkäse-Board an den Frühling. Es eignet sich toll als Vorspeise. Belegen Sie auch hier die Creme erst kurz vor dem Servieren.

Zutaten für 1 Board

200 g Frischkäse
½ TL Knoblauchpaste, alternativ 1 Knoblauchzehe
1 TL Garten-Kräutersalz, alternativ Kräutersalz
15 g Olivenöl
Salz, Pfeffer
10 Cocktailtomaten
1 Frühlingszwiebel
1 Handvoll frische Kräuter (Petersilie, Dill, Basilikum, Estragon, Schnittlauch)
⅓ Salatgurke
6 Radieschen
Balsamico-Creme

Haltbarkeit: 2-3 Tage

Frischkäse, Knoblauch, Kräutersalz und Olivenöl mit einem Pürierstab fein pürieren. Mit Salz und Pfeffer abschmecken und auf ein Brett oder einen Teller streichen. Tomaten vierteln und darauf verteilen.

Frühlingszwiebel in feine Scheiben schneiden. Kräuter fein hacken. Salatgurke und Radieschen in feine Würfel schneiden. Alles auf dem Frischkäse verteilen. Mit Salz und Pfeffer aus der Mühle würzen. Etwas Balsamico-Creme darauf verteilen.

Alternativ kann die Creme im Mixer oder Thermomix zubereitet oder mit dem Handrührer cremig gerührt werden.

BROTEMPFEHLUNG Vollkornbrot, Pumpernickel, Bauernbrot, Mischbrot, Weizenbrot, Kartoffelbrot, Laugengebäck, Toast

RESTEVERWERTUNG

- Reste mit dem Topping vermischen.
- Dip zu Rohkost
- Soße zu Bratlingen
- Salatdressing (mit Essig und Öl mischen und eventuell mit etwas Milch und Wasser verdünnen und abschmecken)
- Soße zu Fondue
- Soße zu Gegrilltem
- Füllung für Pfannkuchen
- zu Pellkartoffeln

Tipp: Für eine edlere Variante den Frischkäse gegen Butter oder eine Mischung aus Mascarpone und Quark/Schmand austauschen. Eine leichtere Variante können Sie mit Quark zubereiten.

FEIGEN-FRISCHKÄSE-BOARD

Den besonderen Kick bekommt dieses Board durch karamellisierte Zwiebeln, die wunderbar zu den Feigen und Walnüssen passen. Sie können das Board schon ein bis zwei Stunden vor dem Essen komplett fertigstellen und abgedeckt im Kühlschrank aufbewahren.

Zutaten für 1 Board

1 große Zwiebel, ca. 60 g
20 g Butter
6 g Zucker
10 g Balsamicoessig
100 g Ziegen-Frischkäse, alternativ Frischkäse
100 g Schmand
5 g Zitronensaft
1 TL Garten-Kräutersalz, alternativ Kräutersalz
Salz, Pfeffer
40 g Walnüsse
2-3 frische Feigen
30 g flüssiger Honig

Haltbarkeit: 2-3 Tage

Zwiebel halbieren, in dünne Ringe schneiden und in der Butter anbraten. Zucker dazugeben und karamellisieren lassen. Balsamico untermischen und abkühlen lassen.

Frischkäse mit Schmand, Zitronensaft, Kräutersalz und Pfeffer glatt rühren und mit Salz abschmecken. Auf ein Brett oder einen Teller streichen.

Walnüsse fein hacken. Feigen in dünne Scheiben schneiden. Beides auf dem Frischkäse verteilen. Die abgekühlten Zwiebeln ebenfalls darauf verteilen. Honig auf einen Teelöffel geben und in feinen Linien darüberträufeln. Alles mit frisch gemahlenem schwarzem Pfeffer bestreuen.

Alternativ kann die Creme im Thermomix oder Mixer gemischt oder mit dem Pürierstab püriert werden.

BROTEMPFEHLUNG Baguette, Ciabatta, Toast, Cracker, Grissini, Fladenbrot, Weißbrot, Focaccia

RESTEVERWERTUNG

- Die Feigen runternehmen und fein hacken, unter die Creme mischen.
- Dip für Rohkost
- Soße zu Bratlingen
- Soße zu Fondue
- Soße zu Gegrilltem
- Füllung für Pfannkuchen

Tipp: Tauschen Sie den Frischkäse durch 100 g Butter aus.

INDISCHES FRISCHKÄSE-BOARD

Für dieses Board werden Frischkäse und Mascarpone mit Curry, Ingwer und Knoblauch aromatisiert. Das Topping besteht aus sehr fein geschnittenen getrockneten Aprikosen, Paprikastreifen und Mango-Chutney. Eigentlich würden frische Korianderblätter gut dazu passen. Da die aber nicht jedermanns Sache sind, habe ich glatte Petersilie verwendet.

Zutaten für 1 Board

100 g Frischkäse
100 g Mascarpone
1 TL Curry
½ TL Ingwer
1 TL Tandoori-Gewürzmischung
½ TL Knoblauchpaste, alternativ 1 Knoblauchzehe
Salz, Pfeffer
2-3 getrocknete Aprikosen
½ rote Paprikaschote, ca. 40 g
1 Schalotte, ca. 30 g
2-3 EL Mango-Chutney (Seite 131 oder alternativ Aprikosenmarmelade)
3-4 Stiele glatte Petersilie

Haltbarkeit: 4-5 Tage

Tipp: Versuchen Sie auch mal frische Aprikosen zu verwenden. Das Board schmeckt auch sehr gut ohne Mango-Chutney.

Frischkäse mit Mascarpone, Curry, Ingwer, Tandoori-Gewürz und durchgepresstem Knoblauch glatt rühren und mit Salz und Pfeffer abschmecken. Auf ein Brett oder einen Teller streichen.

Aprikosen und Schalotte sehr fein würfeln und auf der Creme verteilen. Paprika in feine Streifen schneiden und darauf verteilen. Mango-Chutney in kleinen Klecksen auf die Creme geben. Petersilie nicht ganz fein hacken und damit bestreuen. Mit frisch gemahlenem schwarzem Pfeffer und etwas Curry bestäuben.

Alternativ kann die Creme auch im Mixer oder Thermomix hergestellt oder mit dem Pürierstab püriert werden.

BROTEMPFEHLUNG Naan, Fladenbrot, Toast, Cracker, Weißbrot, Toasties, Focaccia

RESTEVERWERTUNG

- Reste mit dem Topping vermischen und eventuell pürieren.
- Dip für Rohkost
- Soße zu Bratlingen
- Verfeinern von Paprikasoßen
- Verfeinern von Currys
- Zum Überbacken von Hähnchengerichten (mit Semmelbröseln mischen)
- Soße zu Raclette
- Soße zu Fondue
- Soße zu Gegrilltem
- Belag für Brotfladen
- Verfeinern von Risotto
- Füllung für Pfannkuchen oder Crêpes

SÜSSER BEEREN-SCHMAUS

Dieses süße Board eignet sich sehr gut als Dessert. Zum Stippen passt am besten Hefekuchen oder Hefezopf. Sehr gut schmeckt auch Toast dazu, der getoastet und in Streifen geschnitten wird. Sie können aber auch kleine Teller oder Brettchen machen und es einfach so als Dessert servieren.

Zutaten für 1 Board

100 g Frischkäse
100 g Mascarpone
2 EL Puderzucker
5 g Zitronensaft
je 50 g Himbeeren, Erdbeeren und Blaubeeren
30 g Schokolade
25 g gehackte Pistazien
kleine Meringen, alternativ große
30 g Ahornsirup

Haltbarkeit: 2-3 Tage

Frischkäse mit dem Mascarpone, Puderzucker und Zitronensaft glatt rühren und auf ein Brett oder einen Teller streichen.

Die Beeren darauf verteilen. Schokolade in Späne hobeln und zusammen mit den Pistazien auf die Creme streuen. Die Meringen (eventuell kleiner schneiden) darauf setzen und alles mit etwas Ahornsirup überziehen.

Alternativ können Sie die Creme im Mixer oder Thermomix zubereiten oder mit dem Pürierstab pürieren.

BROTEMPFEHLUNG Hefekuchen, Toast

RESTEVERWERTUNG

- Die Beeren locker unter die Creme mischen.
- Füllung für Pfannkuchen oder Crêpes
- Aufstrich für Brote
- Füllung für Kuchen
- Desserts (z.B. zerbröselte Kekse in Gläser verteilen, mit etwas Orangensaft beträufeln und die Creme einfüllen. 2-3 Stunden kühl stellen)

ROTE-BETE-HUMMUS-BOARD

Statt Butter oder Frischkäse kann für ein Board auch mal Hummus als Grundlage verwendet werden. Ich habe ein Rote-Bete-Hummus zubereitet, das auch farblich viel hermacht. Das Topping besteht aus frischen Granatapfelkernen, gehackten Walnüssen, schwarzem Sesam, Frühlingszwiebeln und Petersilie.

Zutaten für 1 Board

50 g Cashewkerne
150 g gegarte Rote Bete
100 g gegarte Kichererbsen
1 TL Knoblauchpaste, alternativ 2 Knoblauchzehen
20 g Sesamöl, alternativ Tahin
5 g Zitronensaft
1 TL Garten-Kräutersalz, alternativ Kräutersalz
Salz, Pfeffer
2 Frühlingszwiebeln
2-3 EL Granatapfelkerne
30 g gehackte Walnüsse
1 TL schwarzer Sesam
¼ Bund glatte Petersilie
Sesamöl

Haltbarkeit: 2-3 Tage

Die Cashewkerne fein mahlen. Mit Rote Bete, Kichererbsen, geschälten Knoblauchzehen, Sesamöl, Zitronensaft und Kräutersalz fein pürieren. Mit Salz und Pfeffer abschmecken. Auf ein Brett oder einen Teller streichen.

Frühlingszwiebeln in feine Ringe schneiden und auf dem Hummus verteilen. Granatapfelkerne und Walnüsse darüber streuen. Petersilie fein hacken und mit dem Sesam auf der Creme verteilen. Zum Schluss mit etwas Sesamöl beträufeln.

BROTEMPFEHLUNG Naan, Fladenbrot, Toast, Bauernbrot, Baguette, Nussbrot

RESTEVERWERTUNG

- Reste mit dem Topping gründlich vermischen.
- Dip zu Rohkost
- Soße zu Bratlingen
- Füllung für Pfannkuchen
- Beilage zu orientalischen Gerichten

Tipp: Sie können statt Sesamöl auch ein anderes Öl verwenden.

CHUTNEYS UND RELISHES

ZUCCHINI-KAROTTEN-RELISH

Im Sommer zur Erntezeit ist jeder, der einen Garten besitzt, froh, viele Rezepte für die Zucchini-Schwemme zu haben. Dieses Relish ist einer meiner Favoriten und dazu ewig haltbar. Sie können es gleich in größerer Menge herstellen.

Zutaten für 4 Gläser von je 400 ml

500 g Zucchini (ca. 3 kleine)
250 g Karotten (ca. 3 Stück)
200 g Zwiebeln
175 g Zucker
120 g weißer Balsamicoessig
2 TL Salz
2 EL Senfkörner
1 TL Ingwer
1 TL Curry
25 g Agavendicksaft
Pfeffer

Zucchini und Karotten grob reiben. Die Zwiebeln schälen und sehr fein würfeln.

Alle Zutaten in einen Topf geben und aufkochen. 20 Minuten mit Deckel kochen lassen. Mit Salz und Pfeffer abschmecken.

Gläser mit kochendem Wasser ausspülen, und die Deckel ein paar Minuten in kochendes Wasser legen. Das Relish kochend heiß in die Gläser füllen und sofort verschließen.

PASST GUT ZU Sandwiches, Hotdogs und Burgern, Fleischkäse, Gegrilltem und Kurzgebratenem, Fisch, Fondue und Raclette, Bratlingen, zu allen Käsesorten und zu Schinken, Putenbrust und Aufschnitt.

ZWETSCHGEN-CHUTNEY

Dieses Zwetschgen-Chutney schmeckt eher mild und passt sehr gut zu würzigen Käsesorten wie Parmesan, Ziegenkäse oder Gorgonzola. Die Zwetschgen können Sie auch gegen Pflaumen austauschen.

Zutaten für 3-4 Gläser von je 400 ml

1 kg frische Zwetschgen
500 g Zwiebeln
1,5 TL Knoblauchpaste, alternativ 3 Knoblauchzehen
20 g Olivenöl
150 g Zucker
2 EL Senfkörner
1 TL Zimt
½ TL Curry
½ TL Ingwer
1 TL Salz
½ TL Pfeffer
100 g dunkler Balsamicoessig
50 g Apfelessig, alternativ anderer milder Essig

Zwetschgen halbieren und entsteinen. Die Zwiebeln schälen und würfeln. Die Knoblauchzehen durchpressen.

Die Zwiebeln in Olivenöl andünsten, bis sie etwas Farbe annehmen. Zucker dazugeben, schmelzen lassen und weiterbraten, bis die Zwiebeln karamellisieren. Zwetschgen, Knoblauch, Senfkörner, Zimt, Curry, Ingwer, Salz und Pfeffer dazugeben und weitere 5 Minuten braten. Mit dem Balsamico- und Apfelessig ablöschen und 30 Minuten ohne Deckel kochen, bis alles andickt.

Mit einem Kartoffelstampfer etwas feiner zerdrücken. Bitte keinen Pürierstab verwenden, damit die Senfkörner ganz bleiben. Das Chutney mit Salz und Pfeffer abschmecken.

Gläser mit kochendem Wasser ausspülen, und die Deckel ein paar Minuten in kochendes Wasser legen. Das Chutney kochend heiß in die Gläser füllen und sofort verschließen.

PASST GUT ZU würzigen Käsesorten, Fondue und Raclette, Burgern, Gegrilltem und Kurzgebratenem, Sandwiches, Bratlingen und zu Fondue und Raclette.

KIWI-CHUTNEY

Durch scharfes Currypulver bekommt dieses Chutney eine leichte Schärfe. Sie können aber auch eine milde Sorte verwenden, wenn Sie es nicht scharf mögen.

Zutaten für 3-4 Gläser von je 400 ml

600 g gelbe Kiwis (ca. 10 Stück)
400 g Zwiebeln
½ TL Knoblauchpaste, alternativ 1 Knoblauchzehe
240 g Rohrohrzucker
100 g Apfelessig, alternativ anderer milder Essig
2 EL Senfkörner
1 TL scharfer Curry, alternativ milder
½ TL Ingwer
1 TL Salz
Pfeffer

Die Kiwis schälen und grob würfeln. Die Zwiebeln schälen und würfeln. Die Knoblauchzehe durchpressen.

Alle Zutaten in einen Topf geben, aufkochen und mit geschlossenem Deckel 10 Minuten kochen. Deckel abnehmen und weitere 20 Minuten ohne Deckel kochen, bis alles andickt. Dabei immer wieder umrühren.

Mit einem Kartoffelstampfer etwas feiner zerdrücken. Bitte keinen Pürierstab verwenden, damit die Senfkörner ganz bleiben. Mit Salz und Pfeffer abschmecken.

Gläser mit kochendem Wasser ausspülen, und die Deckel ein paar Minuten in kochendes Wasser legen. Das Chutney kochend heiß in die Gläser füllen und sofort verschließen.

PASST GUT ZU jeder Art von Käse, Gegrilltem, Hähnchen, festem Fisch vom Grill, Burger und Hotdogs, Kurzgebratenem, vegetarischen und veganen Bratlingen, Fondue und Raclette.

Tipp: Alternativ können Sie das Chutney auch mit grünen Kiwis zubereiten.

TROPEA-ZWIEBEL-MARMELADE

Die aus Italien stammende Tropea-Zwiebel schmeckt besonders mild und leicht süßlich und ist eine wunderbare Grundlage für eine Zwiebel-Marmelade. Sehr lecker wird sie auch mit Roscoff-Zwiebeln aus Frankreich. Wenn Sie beide Sorten nicht bekommen, nehmen Sie einfach rote Zwiebeln.

Zutaten für 2 Gläser von je 300 ml

500 g Tropea-Zwiebeln, alternativ rote Zwiebeln
40 g Olivenöl
100 g Rohrohrzucker
50 g Portwein
100 g dunkler Balsamicoessig
½ TL Salz
1 TL Thymian
Pfeffer

Die Zwiebeln schälen, halbieren und in dünne Scheiben schneiden. Im Olivenöl anbraten, bis sie etwas Farbe annehmen.

Zucker dazugeben und karamellisieren lassen. Mit dem Portwein und Balsamicoessig ablöschen und Salz, Thymian und etwas Pfeffer dazugeben. 10-15 Minuten kochen lassen, bis die Flüssigkeit weitgehend verdampft ist. Mit Salz und Pfeffer abschmecken.

Gläser mit kochendem Wasser ausspülen, und die Deckel ein paar Minuten in kochendes Wasser legen. Die Marmelade kochend heiß in die Gläser füllen und sofort verschließen.

PASST GUT ZU Kurzgebratenem und Gegrilltem, jeder Art von Käse, Burgern und Hotdogs, Sandwiches und Gemüse, Bratlingen, Fondue und Raclette und zu Fleischgerichten.

MANGO-CHUTNEY

Mango-Chutney ist der Klassiker unter den Chutneys und die Sorte, die eigentlich jeder kennt. Chutneys stammen ursprünglich aus der indischen Küche und werden dort zu vielen Gerichten serviert.

Zutaten für 3-4 Gläser von je 400 ml

4 große möglichst reife Mangos
200 g Zwiebeln
½ TL Knoblauchpaste, alternativ 1 Knoblauchzehe
20 g Olivenöl
120 g Zucker
1 TL milder Curry, alternativ scharfer
1 TL Ingwer
1 TL Salz
100 g weißer Balsamicoessig
100 g Orangensaft
Pfeffer

Die Mango schälen und fein würfeln. Die Zwiebeln schälen und würfeln. Die Knoblauchzehe durchpressen.

Die Zwiebeln im Olivenöl anbraten. Zucker dazugeben und etwas karamellisieren lassen. Curry, Ingwer und Salz dazugeben und kurz mitbraten. Mangostücke dazugeben und weitere 5 Minuten braten. Knoblauch, Essig, Orangensaft und etwas Pfeffer dazugeben und alles aufkochen. Ohne Deckel 30 Minuten kochen, dabei immer wieder umrühren.

Mit einem Kartoffelstampfer etwas feiner zerdrücken. Bitte keinen Pürierstab verwenden, sonst wird es zu fein. Mit Salz und Pfeffer abschmecken.

Gläser mit kochendem Wasser ausspülen, und die Deckel ein paar Minuten in kochendes Wasser legen. Das Chutney kochend heiß in die Gläser füllen und sofort verschließen.

PASST GUT ZU Fisch und Meeresfrüchten, Kurzgebratenem, Hähnchen, Burgern und Hotdogs, jeder Art von Käse, zu Bratlingen, als Brotaufstrich zusammen mit Joghurt, Frischkäse oder Quark und zum Verfeinern von Currys.

GURKEN-PAPRIKA-RELISH

Relishes werden vor allem in den USA und England gerne zu Burgern, Hotdogs und Sandwiches gegessen. Die Zutaten für Relishes werden immer sehr fein zerkleinert und in der Regel sind keine Früchte enthalten.

Zutaten für 4 Gläser von je 400 ml

800 g Salatgurken
300 g Zwiebeln
1 große rote Paprikaschote, ca. 200 g
250 g Zucker
150 g Apfelessig
3 TL Salz
2 EL Senfkörner
1 TL Ingwer
Pfeffer

Salatgurken längs halbieren und die Kerne mit einem Teelöffel herauskratzen. Die Gurken grob reiben. Die Zwiebeln schälen und sehr fein würfeln. Die Paprikaschote entkernen und in sehr feine Würfel schneiden.

Alle Zutaten in einen Topf geben und aufkochen. 30 Minuten ohne Deckel kochen lassen.

Gläser mit kochendem Wasser ausspülen, und die Deckel ein paar Minuten in kochendes Wasser legen. Das Relish kochend heiß in die Gläser füllen und sofort verschließen.

PASST GUT ZU Sandwiches, Hotdogs und Burgern, Fleischkäse, Gegrilltem und Kurzgebratenem, Fondue und Raclette, zu allen Käsesorten und zu Putenbrust, Schinken und Aufschnitt.

ZUCCHINI-DATTEL-CHUTNEY

Hier werden Datteln und Zucchini zu einem sehr leckeren Chutney eingekocht. Statt frische Früchte können für Chutneys auch getrocknete Früchte verwendet werden. Ganz besonders gut passen Datteln, Feigen, Cranberries und Aprikosen.

Zutaten für 3 Gläser von je 400 ml

700 g Zucchini
150 g Zwiebeln
½ TL Knoblauchpaste, alternativ 1 Knoblauchzehe
100 g getrocknete Datteln ohne Stein
140 g Rohrohrzucker
100 g Apfelsaft
150 g Apfelessig, alternativ anderer milder Essig
1 TL milder Curry
1 TL Ingwer
12 g Senf
1,5 TL Salz
Pfeffer

Zucchini in feine Würfel schneiden. Die Zwiebeln schälen und würfeln. Knoblauch schälen und durchpressen. Datteln längs vierteln und sehr fein würfeln.

Alle Zutaten in einen Topf geben und aufkochen. 10 Minuten mit Deckel und weitere 10-15 Minuten ohne Deckel kochen. Mit einem Pürierstab grob zerkleinern, so dass noch Zucchinistücke zu sehen sind. Mit Salz und Pfeffer abschmecken.

Gläser mit kochendem Wasser ausspülen, und die Deckel ein paar Minuten in kochendes Wasser legen. Das Chutney kochend heiß in die Gläser füllen und sofort verschließen.

PASST GUT ZU veganen und vegetarischen Bratlingen, Grillgerichten, Fondue und Raclette, zu Gegrilltem und Kurzgebratenem, zu Käse und Sandwiches.

FEIGEN-SENF-CHUTNEY

Frische Feigen sind eine tolle Grundlage für ein leckeres Chutney, das sehr gut zu Ziegenkäse und anderen würzigen Käsesorten passt.

Zutaten für 2-3 Gläser von je 400 ml

500 g frische Feigen
250 g Zwiebeln
20 g Olivenöl
100 g Rohrohrzucker
1 TL Ingwer
100 g rosa Balsamicoessig, alternativ weißer Balsamicoessig
2 EL Senfkörner
1 TL Thymian
12 g körniger Senf, alternativ Senf ohne Körner
1 TL Salz
Pfeffer

Die Feigen vierteln. Die Zwiebeln schälen und würfeln. Zwiebeln in Olivenöl andünsten. Zucker dazugeben und karamellisieren lassen. Ingwer dazugeben und kurz mitbraten.

Feigen in den Topf geben, einige Minuten braten und mit dem Balsamico ablöschen. Senfkörner, Thymian, Senf, Salz und Pfeffer dazugeben und 10 Minuten mit Deckel kochen. Anschließend weitere 15 Minuten ohne Deckel kochen lassen.

Mit einem Kartoffelstamper etwas feiner zerdrücken. Bitte keinen Pürierstab verwenden, damit die Senfkörner ganz bleiben.

Gläser mit kochendem Wasser ausspülen, und die Deckel ein paar Minuten in kochendes Wasser legen. Das Chutney kochend heiß in die Gläser füllen und sofort verschließen.

PASST GUT ZU Ziegenkäse, veganen und vegetarischen Grillgerichten, Sandwiches, Burgern und Hotdogs, Fondue und Raclette, zu Bratlingen, Gegrilltem und Kurzgebratenem und zu kräftigen Käsesorten

SÜSSE AUFSTRICHE

ZITRONEN-GELEE

Zitronen-Gelee ist ein Genuss... nicht nur auf Brot, sondern es passt auch hervorragend zu Scones und Clotted Cream. Außerdem lassen sich damit auch wunderbare Desserts zaubern oder Gerichte abschmecken, die eine Zitronennote gut vertragen.

Zutaten für 4 Gläser von je 300 g

900 g Bio-Zitronen
450 g Apfelsaft ohne Zucker (Direktsaft)
550 g Gelierzucker 2:1

Tipp: Ersetzen Sie zwei Zitronen durch Orangen.

Von 2 Zitronen die Schale abreiben und alle Zitronen auspressen. Sie benötigen 360 g Zitronensaft. Zitronenabrieb und -saft mit Apfelsaft und Gelierzucker in einen Topf geben und aufkochen.

3 Minuten kochen lassen. Gelierprobe machen. Falls Ihnen das Gelee zu sauer ist, können Sie nach Geschmack zusätzlich etwas normalen Zucker dazugeben.

Gläser mit kochendem Wasser ausspülen, und die Deckel 1-2 Minuten im kochenden Wasser liegen lassen. Das Gelee heiß in die Gläser füllen und verschließen.

BROTEMPFEHLUNG Toastbrot, Einback, Weißbrot, helle Brötchen, Hefestuten, Brioche, Croissants, Milchbrötchen, Rosinenbrötchen, helles Bauernbrot und helles Mischbrot

RESTEVERWERTUNG

- Füllung für Pfannkuchen
- Füllung für Teilchen, Kekse und Croissants
- Topping für Quark, Mascarpone oder Schmand
- Kuchenfüllungen und Kuchenteige, sehr lecker für Zitronentarte
- Abschmecken von Gerichten, in die Zitronensaft oder -schale kommt
- zu Waffeln
- Cremige Desserts (z. B. 160 g Zitronengelee mit 100 g Schmand, 100 g Mascarpone und 30 g Puderzucker mischen. 140 g Sahne steifschlagen und unterheben. Löffelbiskuits in einer Schale verteilen und mit Orangensaft tränken. Creme drauf verteilen und mit gehackten Pistazien bestreuen.)

ORANGEN-MARMELADE

Orangen-Marmelade muss nicht zwingend so bitter sein, wie wir es von der englischen Marmelade kennen. Mit dieser Methode wird sie süß mit einer ganz leichten Bitternote, was sie ganz besonders lecker macht. Nehmen Sie unbedingt Bio-Orangen, da die Schale mit verwertet wird.

Zutaten für 8-9 Gläser von je 230 g

1 kg Bio-Orangen
1 l Wasser
Ca. 700 g Gelierzucker 2:1

Die Orangen vierteln, Kerne und Fruchtansatz entfernen und 45 Minuten im Dampf garen. Wenn Sie keine Möglichkeit dazu haben, geben Sie die Orangen mit dem Wasser in einen möglichst breiten Topf mit Deckel.

Orangen in ein Sieb geben und die Flüssigkeit auffangen bzw. wenn Sie sie im Dampf gegart haben, die Flüssigkeit weiterverwenden.

Orangen abwiegen und mit der gleichen Menge Flüssigkeit in einen Topf geben. Grob pürieren. Die gleiche Menge Gelierzucker plus 50 g Gelierzucker dazugeben und alles aufkochen. 2-3 Minuten kochen lassen. Gelierprobe machen.

Nochmal mit dem Pürierstab ganz fein pürieren und in ausgekochte Gläser abfüllen.

TM 1 Liter Wasser in den Topf füllen. Die Orangen vierteln, Kerne und Fruchtansatz entfernen und im Varoma Stufe 2/Varoma/40 Minuten garen.

Varoma abnehmen und die Orangen wiegen. Die gleiche Menge Kochwasser und die gleiche Menge Gelierzucker plus 50 g abwiegen. Alles in den Topf geben und auf Stufe 10/10 Sekunden pürieren. Auf Stufe 2/100 Grad/10 Minuten ohne Messbecher aufkochen. Sichtkontakt halten, damit es nicht überkocht. Nochmal auf Stufe 10/20 Sekunden pürieren und anschließend Gelierprobe machen. In ausgekochte Gläser abfüllen.

BROTEMPFEHLUNG Toastbrot, Einback, Weißbrot, helle Brötchen, Hefestuten, Brioche, Croissants, Milchbrötchen, Rosinenbrötchen

RESTEVERWERTUNG

- Klassisch mit Clotted Cream zu Scones
- Füllung für Pfannkuchen
- Füllung für süße Teilchen, Kekse und Croissants
- zu Waffeln
- zu Joghurt, Quark, Mascarpone oder Schmand
- Grundlage für Tiramisu
- Kuchenfüllungen und Kuchenteige, sehr lecker für Orangentarte

Tipp:
Verwenden Sie Tarocco-Orangen, mit der die Marmelade ganz besonders lecker und ein klein wenig bitterer wird. Auf die gleiche Art können Sie übrigens auch Mandarinen-Marmelade zubereiten.

APRIKOSEN-MARZIPAN-AUFSTRICH

Aus getrockneten Früchten lassen sich mit ein paar weiteren Zutaten sehr leckere Aufstriche zubereiten, die sehr intensiv im Geschmack sind. Wenn Sie Marzipan nicht mögen, verwenden Sie einfach fein gemahlene Mandeln und eventuell etwas mehr Orangensaft.

Zutaten für 1 Glas, ca. 420 g

100 g getrocknete Aprikosen
50 g Marzipan
125 g Frischkäse
1 TL Orangenschale
140 g Orangensaft
6 g Zitronensaft
¼ TL Salz
½ TL Zimt
6 g Agavendicksaft

Haltbarkeit: 10-14 Tage

Die Aprikosen fein hacken und mit dem Orangensaft übergießen. 3-4 Stunden marinieren.

Alle Zutaten in einen hohen Rührbecher geben und mit dem Pürierstab fein pürieren. Alternativ im TM/Mixer/Zerkleinerer fein pürieren.

BROTEMPFEHLUNG Toastbrot, Einback, Weißbrot, helle Brötchen, Hefestuten, Brioche, Croissants, Milchbrötchen, Rosinenbrötchen, helles Bauernbrot, Mischbrot

RESTEVERWERTUNG

- Füllung für Pfannkuchen
- Füllung für süße Teilchen, Kekse und Croissants
- zu Joghurt, Quark, Mascarpone oder Schmand
- Kuchenfüllungen und Kuchenteige
- zu Waffeln

PFLAUMENMUS

Probieren Sie einmal Pflaumenmus mit getrockneten Pflaumen – es wird so intensiv, als hätten Sie es lange eingekocht. Statt Rotwein können Sie auch nur Apfelsaft verwenden. Wenn Ihnen das Mus zu fest ist, geben Sie noch etwas Apfelsaft dazu.

Zutaten für 1 Glas, ca. 420 g

275 g getrocknete Pflaumen
50 g Rotwein
70 g Apfelsaft
20 g Zitronensaft
½ TL Zimt
2 TL Vanillezucker

Haltbarkeit: 10-14 Tage

Die Pflaumen fein hacken. Rotwein mit Apfelsaft, Zitronensaft und Vanillezucker erhitzen und darüber gießen. 3-4 Stunden marinieren.

MIXER/TM/ZERKLEINERER Alle Zutaten in den Topf geben und fein pürieren.

PÜRIERSTAB Alle Zutaten in einen hohen Rührbecher geben und mit dem Pürierstab fein pürieren.

RESTEVERWERTUNG

- Füllung für Pfannkuchen oder Crêpes
- Füllung für Kuchen, süße Teilchen, Kekse, Croissants
- zu Joghurt, Quark, Mascarpone oder Schmand
- Abschmecken von dunklen Soßen
- zu Waffeln

ERDNUSSBUTTER

Erdnussbutter selbst zu machen ist super einfach und schmeckt viel besser als gekaufte. Man kann sie nach eigenem Geschmack entweder ganz fein pürieren oder etwas crunchy lassen. Allerdings braucht man einen guten Mixer oder Pürerstab dafür. Erdnussbutter hält sich gut 4-6 Wochen im Kühlschrank.

Zutaten für 2 Gläser von je 200 g

400 g ungesalzene und geröstete Erdnüsse
1 TL Zucker
½ TL Salz
30-40 g Erdnussöl, alternativ Sonnenblumenöl

Haltbarkeit: 4-6 Wochen

ZUBEREITUNG IM TM (ODER MIXER/ZERKLEINERER) Alle Zutaten in den Topf geben und auf Stufe 10/25 Sekunden (höchster Stufe) zerkleinern. Deckel öffnen, alles runterschieben und nochmal auf Stufe 10/20 Sekunden zerkleinern und mischen. Dann den Deckel öffnen, wieder alles runterschieben und weitere 10 Sekunden/Stufe 10 mischen.

Alternativ können Sie alle Zutaten in einen hohen Rührbecher geben und mit dem Pürierstab pürieren.

BROTEMPFEHLUNG sehr lecker auf Toast und hellen Broten zusammen mit Marmelade, Weißbrot, helle Brötchen, helle Mischbrote

RESTEVERWERTUNG

- Abschmecken von Currys
- Erdnuss-Soßen
- Desserts
- Milchshake: 1-2 TL mit Milch vermischen, eventuell leicht süßen
- mit Marmelade als Füllung für Pfannkuchen oder Crêpes
- zusammen mit Marmelade zu Waffeln

Tipp: Wenn die Erdnussbutter nach dem Mixen nicht cremig genug ist, einfach noch so viel Öl unterrühren, bis die Konsistenz passt.

PISTAZIEN-SCHOKOCREME

Diese leckere Creme mit weißer Schokolade und gemahlenen Pistazien erinnert ein wenig an Pralinen. Mein absoluter Favorit unter den süßen Aufstrichen.

Zutaten für 2 Gläser von je 330 g

250 g weiße Schokolade
100 g Pistazienkerne
50 g Kokosöl
50 g Kokosblütenzucker
2 TL Vanillezucker
½ TL Salz
100 g Sahne
100 g Milch

Haltbarkeit: 2-3 Wochen

VON HAND/HANDRÜHRGERÄT Schokolade und Kokosöl im Wasserbad schmelzen. Die Pistazien möglichst fein mahlen. Alle Zutaten gründlich vermischen, bis die Masse homogen ist.

MIXER/ ZERKLEINERER Schokolade und Kokosöl im Wasserbad schmelzen. Pistazien fein mahlen. Alle Zutaten in den Topf geben und fein pürieren.

TM Pistazien in den Topf geben und auf Stufe 10/10 Sekunden fein mahlen. Umfüllen. Schokolade und Kokosöl in Stücken in den Topf geben und auf Stufe 1/60 Grad/3 Minuten schmelzen. Restliche Zutaten dazugeben und auf Stufe 4/10 Sekunden mischen.

PÜRIERSTAB Schokolade und Kokosöl im Wasserbad schmelzen. Pistazien fein mahlen. Alle Zutaten in einen hohen Rührbecher geben und fein pürieren.

BROTEMPFEHLUNG Toastbrot, helles Bauernbrot, Mischbrot, helle Brötchen, Einback, Hefestuten, Brioche, Croissants, Milchbrötchen, Rosinenbrötchen

RESTEVERWERTUNG
- Füllung für Pfannkuchen
- Füllung für süße Teilchen, Kekse und Croissants
- zu Joghurt, Quark, Mascarpone oder Schmand
- Kuchenfüllungen und Kuchenteige
- zu Waffeln

BLAUBEERMUS

Für dieses Mus werden Blaubeeren mit wenig Zucker so lange gekocht, bis die ganze Masse andickt. Das Mus schmeckt dadurch besonders intensiv.

Zutaten für 4 Gläser von je 250-300 g

1 kg Blaubeeren
375 g Zucker
3 TL Vanillezucker
15 g Zitronensaft
1 TL Zitronenschale
100 g Wasser
¼ TL Zimt
¼ TL Macis (Muskatblüte)

Haltbarkeit: wie Marmelade mindestens 12-24 Monate.

Alle Zutaten in einen Topf geben und aufkochen. 30 Minuten mit Deckel bei mittlerer Hitze kochen lassen. Deckel abnehmen und weitere 30 Minuten bei mittlerer Hitze einkochen lassen. Dabei immer wieder umrühren.

Das Mus mit dem Pürierstab etwas feiner pürieren. 1 TL abnehmen und abkühlen lassen – die Masse sollte abgekühlt etwas fester werden.

Gläser mit kochendem Wasser ausspülen, und die Deckel 1-2 Minuten in kochendes Wasser legen. Das Gelee in die Gläser füllen und verschließen.

BROTEMPFEHLUNG Toast, Weißbrot, Einback, helle Brötchen, Hefestuten, Brioche, Croissants, Milchbrötchen, Rosinenbrötchen, helles Bauernbrot, helles Mischbrot

RESTEVERWERTUNG

- Kuchenfüllungen (z.B. Hefekuchen mit Streuseln – 1 Glas auf den Hefeteig streichen), süße Teilchen, Kekse, Croissants, Berliner
- Abschmecken von dunklen Soßen
- Desserts (siehe Kasten)
- Füllung für Pfannkuchen
- zu Waffeln (lecker mit Sahne)

SCHNELLES BLAUBEER-DESSERT

60 g Kekse nach Wahl zerkleinern und in 4 Gläser füllen. Mit 2 EL Vanillelikör oder Amaretto und 4 EL Orangensaft beträufeln. 120 g Blaubeer-Mus mit 150 g Mascarpone, 150 g Schmand, 1 TL Vanillezucker, 3 TL Puderzucker und ½ TL Orangenschale gründlich vermischen. In die Gläser füllen und 2-3 Stunden kühl stellen. Mit Schlagsahne, Blaubeeren und gehackten Pistazien garnieren.

HASELNUSS-DATTEL-AUFSTRICH

Schokoaufstriche müssen nicht zwingend ungesund sein. Statt mit viel Zucker wird dieser Schoko-Nuss-Aufstrich nur mit Datteln und etwas Agavendicksaft gesüßt.

Zutaten für 2 Gläser von je 300 g

200 g Haselnüsse
100 g getrocknete Datteln ohne Stein
30 g Kakao
50 g Kokosöl
120 g Sahne
50 g Milch
50 g Agavendicksaft
½ TL Salz
½ TL Zimt

Haltbarkeit: 2-3 Wochen

VORBEREITUNGEN Die Nüsse im Backofen bei 200 Grad rösten, bis sie etwas Farbe bekommen und duften. Abkühlen lassen.

MIXER/TM/ZERKLEINERER Die Nüsse fein mahlen. Datteln in feine Stücke schneiden, dazugeben und ebenfalls fein zerkleinern. Restliche Zutaten in den Topf geben und alles fein pürieren.

PÜRIERSTAB Nüsse fein mahlen. Datteln in feine Stücke schneiden. Alle Zutaten in einen hohen Rührbecher geben und mit dem Pürierstab vermischen, bis eine homogene Masse entsteht.

BROTEMPFEHLUNG Toastbrot, Einback, Weißbrot, helle Brötchen, Hefestuten, Brioche, Croissants, Milchbrötchen, Rosinenbrötchen, helles Bauernbrot, helles Mischbrot

RESTEVERWERTUNG

- Füllung für Pfannkuchen
- Füllung für süße Teilchen und Croissants
- zu Joghurt, Mascarpone, Schmand oder Quark
- Kuchenfüllungen und Kuchenteige
- Milchshakes
- zu Waffeln

LEMON CURD

Lemon Curd ist ein klassischer Brotaufstrich aus England, der besonders zum Frühstück und Nachmittagstee zusammen mit Scones und Clotted Creme gegessen wird. Alternativ können Sie auch ein Lime Curd mit Limetten herstellen.

Zutaten für 3 Gläser von je 230 g

4 Bio-Zitronen
5 Eier, Gr. M
175 g Zucker
150 g kalte Butter

Haltbarkeit: 6-8 Wochen

VORBEREITUNGEN Zitronenschale von 3 Zitronen abreiben, alle Zitronen auspressen. 120 g Zitronensaft abmessen.

VON HAND Zitronensaft und -schale in eine Schüssel geben und im Wasserbad erwärmen. Eier und Zucker mit dem Handrührer aufschlagen. 1 EL davon zum Zitronensaft geben und unterrühren. Restliche Creme dazugeben und unter ständigem Rühren aufschlagen, bis die Masse beginnt anzudicken.

Einige Minuten abkühlen lassen. Dann die kalte Butter in kleinen Stücken unterrühren, bis die Masse homogen ist. Eventuell durch ein feines Sieb passieren und in mit heißem Wasser ausgespülte Gläser abfüllen.

TM Alle Zutaten in den Topf geben und auf Stufe 2,5/85 Grad/20 Minuten ohne Messbecher einkochen lassen. Deckel aufsetzen und 30 Sekunden/Stufe 6 mixen.

BROTEMPFEHLUNG Toastbrot, Einback, helle Brötchen, Hefestuten, Brioche, Croissants, Milchbrötchen, Rosinenbrötchen, helles Bauernbrot oder Mischbrot

RESTEVERWERTUNG

- Füllung für Pfannkuchen
- Füllung für süße Teilchen, Kekse und Croissants
- zu Joghurt, Quark, Mascarpone oder Schmand
- als Grundlage für Zitronen-Tiramisu
- Kuchenfüllungen und Kuchenteige, sehr lecker für Zitronentarte
- zu Waffeln

Tipp: Reste vom Zitronensaft können Sie einfrieren.

SCHOKO-MARONEN-CREME

Diese Schokocreme mit Maronen ist so was von lecker – sie erinnert fast ein bisschen an Mousse au Chocolat. Gesüßt wird sie nur mit Agavendicksaft und ganz wenig Vanillezucker.

Zutaten für 2 Gläser von je 320 g

125 g Zartbitterschokolade
30 g Kokosöl
150 g gegarte Maronen
15 g Kakao
100 g Agavendicksaft
30 g Vanillezucker
75 g Sahne
110 g Milch
½ TL Zimt
½ TL Salz

Haltbarkeit: 2-3 Wochen

MIXER/ZERKLEINERER Schokolade und Kokosöl im Wasserbad schmelzen.

Die Maronen in den Topf geben und fein mahlen. Geschmolzene Schokolade und alle restlichen Zutaten dazugeben und alles fein pürieren.

TM Maronen und Schokolade in Stücken in den Topf geben und auf Stufe 10/6 Sekunden fein mahlen. Kokosöl dazugeben und auf Stufe 1/70 Grad/2 Minuten schmelzen. Restliche Zutaten hinzufügen und auf Stufe 4/1 Minute mischen.

PÜRIERSTAB Schokolade und Kokosöl im Wasserbad schmelzen. Maronen etwas kleiner schneiden. Alle Zutaten in einen hohen Rührbecher geben und fein pürieren.

BROTEMPFEHLUNG Toastbrot, Einback, Weißbrot, helle Brötchen, Hefestuten, Brioche, Croissants, Milchbrötchen, Rosinenbrötchen, helles Bauernbrot, helles Mischbrot

RESTEVERWERTUNG:

- Füllung für Pfannkuchen
- Füllung für Teilchen, Kekse und Croissants
- zu Joghurt, Mascarpone, Quark oder Schmand
- Kuchenfüllungen und Kuchenteige
- Milchshakes
- zu Waffeln (lecker mit Sahne)

Tipp: Versuchen Sie die Creme mal mit Vollmilchschokolade oder mit weißer Schokolade zuzubereiten.

BEEREN-BUTTER

Ich habe für diese erfrischende Beeren-Butter Erdbeeren, Himbeeren und Heidelbeeren verwendet. Sehr gut passen auch Johannisbeeren und Brombeeren, sie lässt sich aber auch nur mit einer Sorte Beeren herstellen. Sie können das Fruchtmus entweder passieren oder die Kerne drin lassen, so wie es Ihnen am besten schmeckt.

Zutaten für 1 Glas, ca. 420 g

200 g Beeren nach Wahl (Brombeeren, Himbeeren, Blaubeeren, Erdbeeren, Johannisbeeren)
4 TL Vanillezucker
1 Prise Salz
1 TL Zitronensaft
200 g weiche Butter

Haltbarkeit: 3-4 Tage

Die Beeren mit Vanillezucker, Salz und Zitronensaft pürieren. Möchten Sie keine Kerne in der Butter haben, dann das Beerenmus durch ein feines Sieb passieren.

Die Butter mit einem Handrührgerät schaumig rühren und das Fruchtmus untermischen. Eventuell noch nachsüßen.

BROTEMPFEHLUNG Baguette, Hefekuchen, Toast, Scones, Weißbrot, helle Brötchen, Brioche, Croissants, Milchbrötchen, Rosinenbrötchen, helles Bauernbrot

RESTEVERWERTUNG

- Füllung für Pfannkuchen und Crêpes
- zu Waffeln (lecker mit frischen Beeren und Sahne)

Tipp: Probieren Sie den Aufstrich mal mit Frischkäse statt Butter.